职场便签贴：
别把你的事儿
推给我

潘竞贤 夏奈菲 著

ZHEJIANG UNIVERSITY PRESS
浙江大学出版社

目录

前言　当心无人认领的便签

什么是职场便签贴

第一节　可怜的职场"便签人"

有求必应的"滥好人"　*3*

亲力亲为的上司　*4*

"悲催"的能人　*7*

变成附属品的部门　*7*

第二节　便签贴为什么会满天飞

逃避责任的本能　*9*

任务归属人模糊　*10*

岗位职责不确定　*11*

工作流程不明晰　*12*

利益分配不合理　*14*

第一章

CONTENTS

第二章

甩掉来自下属的便签贴

第一节　一项任务只能有一个负责人

下属们是怎样给上司贴便签的　17

你究竟把接力棒交给谁了　20

把大任务切成小块分给各负责人　24

明确成果的交付对象　26

在众人面前给负责人一个"名分"　30

第二节　明确做的好处和不做的坏处

下属为什么乱丢便签　33

让便签与下属的利益息息相关　35

务必兑现你的承诺　37

第三节　搞定"软抵抗"的部属

下属是怎样拒绝便签的　40

下属为什么会拒绝上司　42

在"你的薪资我说了不算"时激励部属　43

让下属自己管理自己　51

第四节　找对合适的授权人

哪些任务可以授权　57

授权对象的选择大有讲究　58

只允许下属给你做选择题　61

甩掉来自上司的便签贴

第三章

第一节　若干种便签的应对之道

看上去不可能完成的便签　65

任务很满时插进来的便签　66

职责之外的便签　67

工作之外的便签　69

第二节　怎么办：便签来自上司的上司

如果只是举手之劳，立刻完成吧　73

请直接上司交接便签　74

做到位才能上位　75

第三节　怎么办：便签来自其他部门的上司

即便时间充裕，也要说："我需要请示领导。"　80

如何避免"为他人做嫁衣"　81

第四节　摆脱"打杂"的命运

不可替代才有拒绝的底气　85

用成果证明你的价值　89

不想沦为棋子，就自己设定目标　93

CONTENTS

第四章

甩掉来自同级的便签贴

第一节　想说"不"谈何容易

为什么你害怕说"不"　101

如果持续不说"不",结果会怎样　103

别指望自己八面玲珑　105

如何巧妙地说"不"　105

分清任务和帮忙　107

第二节　对看上去稀松平常的概念进行定义

别以为你所想的就是别人所想的　109

用关键词阐述概念的本质　111

第三节　明确各自交付的结果

事先与对接人描绘结果的模样　113

拟定可衡量的评估指标　114

第四节　怎么办:会议室飞来便签贴

话不说死,留下回旋余地　117

表示自己需要搜集更多的信息　117

第五节　怎么办:"挟上司令同事"的便签

与上司确认后再做答复　120

强调自身难处的同时推荐更合适的人选 121

第六节　如何规避"能者多劳"

让自己显得很忙 124

无私地与同事分享经验 125

让任务排排队 126

准备一份"回绝范本" 127

甩掉来自其他部门的便签贴

第一节　成立跨部门临时工作小组

任命小组的领导人 131

用"例行事项清单"推进工作 132

跨部门沟通最好形成文字 133

第二节　拒绝与部门绩效无关的便签

团队行为必须以绩效为导向 135

一切为公司级目标让道 136

保管好自己的便签贴

第一节　百分百地承担责任

无法阻止别人贴便签，但可以阻止自己 140

CONTENTS

在结果面前,敢于低头认错　141

首先立足于解决问题　143

第二节　克服"拖延综合征"

先吃掉"青蛙"　146

能处理的文件立即处理　146

总是严格按照事情的先后顺序开展工作　148

预留整块的时间处理最重要的事情　149

在一段时间内集中处理琐事　151

第三节　如何让自己的便签越来越少

在最擅长最赚钱的领域持续投资　155

通过购买服务减少便签　158

从容的人生离不开减法　159

后记　164

后记

前言　当心无人认领的便签

■　别人总是理所当然地把属于他们的责任或任务转嫁到你的身上，而你却无力改变这种现状；

■　身为上司的你，整天忙得不可开交，而下属却无事可做；

■　上司完全不顾及你的想法，常常把本职之外的工作布置给你；

■　明明知道推卸责任是不妥的，还是有意无意地纵容自己做出这样的行为；

■　你的部门总是得承担额外的任务，而这些任务与部门的绩效无关，为了完成这些任务，部门绩效甚至受到了损害。

上述现象，恐怕每一位身在职场的人都遇到过吧。

我自己就曾经为此苦恼过。当时，我是一名刚刚走马上任的

"菜鸟"主管,还没来得及为"升官"的喜事庆祝,纷繁的任务就接踵而至:来自上司的、下属的、其他部门的……令我应接不暇。每一项任务都来势汹汹,"一定、务必、不得不"在最短的期限内完成。为了消灭这些任务,我不得不加班加点工作。

　　这样过了一段时间,我意识到问题真的很严重了。如果持续下去,不仅在工作中得不到快乐,而且必定会损害健康,毁掉私人生活——要是这样的话,那简直糟糕透了。于是,我决定改变现状。

　　我身边不乏在工作中表现得从容而高效的人。他们能够有效地控制自己的工作,按照自我意愿淡定地生活,很是让人羡慕。高××与我同窗四年,算得上"勾肩搭背"的好友。从毕业到现在,他始终保持惊人的工作效率。作为"码字人"(他的职业是记者兼专栏作家),他日产 3000 字以上,而且令人羡慕的是,他看上去一点儿也不忙,悠闲得像公子哥儿。他常不紧不慢地说:"身体和灵魂,总得有一个在路上。"于是每隔一段时间,他就会去旅个游。我推荐他读的书,一般一周后就能听到他的读后感言。他还对美食和音乐保持狂热的感情,与漂亮女孩儿聊天的时候,总能如数家珍地娓娓道来,引姑娘们"竞折腰"。

　　我惊奇地发现,像高××这样从容又高效的人真是为数不少。在与他们深入交往后,我逐渐认识到:时间是有限的,每个人每天都拥有且只拥有 24 小时;而事情是无限的,做完一件总还有下一件。所以,高效的秘诀是在有限的时间内做最重要的事,产出最大化的价值,而不是节省时间去做更多的事情。

要想切实做到这一点,绝不是一件简单的事。因为总有各种各样的事情不断侵吞你的时间。来自上司的、下属的、其他部门的任务,只要稍不留神就可能落在你的肩膀上。令人感到郁闷的是,这些任务本来不属于你,最后却偏偏落到你的身上。为了完成这些任务,你不得不耗费更多的时间和精力,而结果却可能吃力不讨好,不仅耽误了本职工作,而且别人也并不领情。

提防不属于自己的便签

便签贴是常见的办公用品,我们把有待完成的任务写在便签上,然后贴到电脑屏幕、办公桌面等醒目的地方,以提醒自己别忘了完成任务,而任务背后代表的则是责任。因此,便签贴是任务和责任的代名词。

每个人都有属于自己的便签贴,但大家的周围却还是飞舞着一些无人认领的便签,因为绝非所有人都愿意自觉地保管好自己的便签,总有试图偷懒的人,他们想方设法把自己的便签扔给别人,而这样的人据我所知,数目还真是不少。正是拜他们所赐,办公室处处隐藏着找不到主人的便签。一不留神,你就可能因为被贴上不属于自己的便签,而不得不付出时间和精力去清除它们。

可以肯定地说,我们每个人都曾被不属于自己的便签"附身"

过,只是,有些人聪明地摆脱了,而有些人却被越来越多的便签所覆盖,让自己在工作和生活中不堪重负,而为此付出的汗水到头来却收获寥寥。

摆脱"打杂"的命运

身为下属,当然得听上司的——很多人对这种认知毫无异议。所以绝大多数下属认为,既然得听上司的,上司说啥自己就做啥呗,但要是这样,下属便无法控制自己的工作内容的。

初入职场的我当时也有同样的想法,心甘情愿地听从上司安排工作,并且将这一切视为理所当然。这样的情况持续了3年之久,在那段时间里,我很努力,工作令我很忙碌,但是我越来越强烈地意识到自己其实是一颗打杂的"棋子",不管被上司放在哪里,都要任劳任怨。瞧着镜子里的自己,我只看到了卑微,看不见自己的未来。

甘于听从别人的安排,结果就是成为别人的附属品,无法形成自己的竞争力,而没有竞争力的人轻易就会被人取代。有很多职场的"老鸟",始终做着别人的附属品,虽然他们打拼多年,但仍旧在不同岗位、公司和行业之间辗转流离,找不到恰当的归宿。他们已经青春不再,但前途依旧黯淡,这样的境况,不禁让人唏嘘!

那些在职场中成绩斐然的卓越人士,可以在最大程度上主控自己的工作内容。他们与上司建立双赢的合作关系,而不是别人的"附属"! 为了做自己认为重要的事情,他们有底气对来自上司的便签说"不",事实上他们也的确这样做了。而且最终,他们用优异的工作成果证明了这样做的正确性。

我发现,他们与普通人的最大区别是他们制订了明确的目标和行动计划。按照既定的计划行事,而不是局限于配合他人进行工作,这就是他们成果丰硕的原因。

如果没有自己的目标,你就会成为那个被别人贴满便签的人,因为你做过的、正在做和将要做的事情都与你自身无关,与你的未来无关,你只是个"打杂"的。

为什么离幸福越来越远?

很多人因为没有勇气或技巧拒绝别人的便签,而被过多的便签包围,不得不牺牲大量的时间和精力去清除它们,因此耽误了本职工作;然而,人们又常常为了体现自己的价值,承担更多的便签,这样恶性循环,最终被越来越多的便签束缚住身心,终难有所作为。

为了应对这些便签,人们付出了超额的时间,甚至牺牲了自己的健康和私生活,到头来收获却极其有限,这样的结果令人悲伤。这些在职场中失意的人们,已经青春不再,却终日做着价值屈指可数的事情,虽然整日忙得不可开交,却依然过不上富足的生活。他们的这种处境，足以引起职场人的警惕。

大部分在职者表示自己在工作中并不快乐，甚至可以说是痛苦。其中原因无法逐一罗列，不过据我所知，其中非常重要的一个原因是"所做的事情自己并不喜欢，喜欢的事情却不能做"。人们无法享受工作本身的乐趣，只是把工作看成为了获得收益而不得不做出的牺牲，便难以从工作中获得幸福感。

人人都必须学会甩掉不属于自己的便签

很多人以为只有自己当了老板，才能真正摆脱被贴便签的命运。不错，老板对于自己的工作内容具有更多的选择权和控制权，可是稍有不慎，也还是会被贴满便签。这种状况在那些缺乏管理能力的经营者身上最为常见，他们自己疲于奔命，可下属们却优哉游哉，而他们经营的组织绝大多数绩效平庸，因为下属们在这种领导的强势控制下，很难充分发挥自身能力。

身为员工，也绝不是像大多数人以为的那样，无法掌控自己的工作内容。职场中，总不乏佼佼者，他们专注于做自己感兴趣的、擅长的，同时也能够为组织和他们自己创造最大价值的事情。他们最终取得了事业上的成功，也为组织创造了巨大的价值。

在现实生活中，无论是组织管理者，还是普通的在职员工，都可能被不属于自己的便签所拖累，任何人都应该努力去自主控制每天的工作内容。因为人的一生，相当长的时间都在工作中度过,如果连工作的内容都无法做主,那实在是一件非常遗憾的事情。

每个人都必须保管好自己的便签,并且避免被别人贴上便签。只有这样,我们才能集中有限的时间和精力,做最有价值的事情,为自己和组织创造出最大的价值。只要掌握了正确的方法,我们都可以做到。

我们都可以甩掉额外的便签

本书的重点是向你介绍甩掉额外便签的方法。具体来说,第一章为你讲述什么样的人容易被贴满便签以及为什么便签会满天飞;第二章至第五章分别为你介绍如何甩掉来自下属、上司、同级和其他部门的便签;最后一章为你阐述如何保管好自己的便签,虽然我们无法阻止别人乱丢便签,但绝对可以做到自己不乱贴别人的便签。

身上没有额外的便签,是成功人士的重要标志。这意味着你有效地掌控了自己的工作内容,能够充分利用有限的时间和精力做最有价值的事情。

第一章
什么是职场
便签贴

第一节　可怜的职场"便签人"

便签贴,是职场人常用到的一种办公用品。我们把需要做的事情随手写到便签上,然后贴在电脑屏幕、办公桌面、笔记本封面等醒目的地方,以提醒自己别忘记完成这些事情。之后,我们每做完一件事就清除掉一张便签,当然,新的便签也会不断出现。

在职场中,有两种便签贴:一种就是写着任务的纸条,而另一种便签贴却往往看不见、摸不着,它们是来自上司、下属以及其他部门的任务、事项和责任。这些无形的便签常常被人们口头传达,但背后却要有更多时间和精力的付出。因为你周围出现的便签贴越多,就意味着工作越多。

每一张便签贴后面都是一份压力——或是上司交代的任务,或是对客户的承诺,或是需要与其他部门协同完成的事项,或是好友再三托付的事情……它们时刻提醒你需要加快行动速度,来完成更多的事情。当你无法在规定的时间内清除这些便签贴的时候,就可能受到上司的严厉批评,可能错失与客户合作的机会,可能得罪同事或朋友……这些可能导致的后果都让你感到压力重重。

每个人都有属于自己的便签贴,也就是必须完成的本职工作。可是,我们收到的便签贴却不一定都是自己的。别人的便签也会莫名其妙地贴到你的身上,如果不善于拒绝,飞向你的便签贴就会越来越多,它们挤占了你相当多的时间,而这些时间本应该分配给你的本职工作。

当身上背负了太多不属于自己的便签时,就会沦为可怜的"便签人"。一旦如此,即便额外付出大量的时间和精力来清除这些便签贴,也不会创造更多价值,有更大收获。因为功劳依旧属于便签贴的主人,而不属于你。为别人做嫁衣,自己却劳无所获,这就是"便签人"的可悲命运!

让我们来看一看职场中几类典型的"便签人"吧。

有求必应的"滥好人"

在绝大多数人看来,点头说"好"比说"不"要容易得多。总说"好"就不会得罪任何人,而说"不"极有可能令对方心情不快,这让他们备感压力。他们担心,此刻拒绝别人,终有一天自己也会被别人拒绝。

从另一方面来说,总以为能够在帮别人完成工作中获得好处,也是人们不会拒绝别人的重要原因。虽然有时候通过免费为他人代劳换来一些好处,但我们应该换一个角度思考:"如果把同样的时间和精力花在其他的事情上,效果会不会更好呢?"你很可能因此而找到更富有效率的工作方法。

事实却常常相反,人们经常会选择做有求必应的好人。哪怕是令自己深感为难的事情,他们也会咬牙答应下来,让托你办事的人(也就是便签的主人)满意而归,而自己却不得不为清除这种便签付出较大的代价。

更可悲的是,当你持续对别人说"好"的时候,却会被别人认为你是毫无原则的"滥好人",他们已经习惯于把"耗时耗力又意义不大"的便签丢给你,并且认为这样做是理所当然的。当你答应为他们效劳的时候,他们却没有心生感激之情,更不会对你有所回报,甚至,在某些人的口中,你只是一个可怜、可悲又活该的"勤杂工"。

亲力亲为的上司

"领导,接下来我应该做什么?"

"经理,我已经尽力了,可是实在办不到,我该怎么办?"

"您交代的事情我做了,可结果不理想,因为……"

"章总,客户所提的这些要求,您看我们应该怎样答复?"

"这事,必须您来做决定!"

……

　　在领导的办公室,时时萦绕着这样的话。身为管理者,已经司空见惯,而且,大家都没觉察出这些说法有什么不妥之处。

　　为了使这些说法得到妥善的处理,管理者们不得不花费大量的时间和精力来思考如何安排下属的工作,思考如何回答下属提出的问题并予以解决……在必要的时刻,上司们常常忘记了自己"指挥者"的身份,他们挽起袖子,端起"武器",冲锋陷阵。他们常常亲自去做本应该由下属独立完成的事情,甚至连一份无关紧要的方案也要过问。

　　而下属们都在干什么? 他们轻易地甩掉了便签,哼着小曲,优哉游哉地回到自己的办公室,然后闲聊、玩游戏、漫无目的地浏览网页……而上司们却忙得分身乏术。

　　这类习惯于亲力亲为的上司,往往缺乏管理能力,他们无法有效地驾驭下属,更不能激发下属的工作热情,使下属自觉地开展工作。另一方面,他们不相信下属可以做得比自己更好。因为这些原因,他们的身上贴满了本属于下属的便签。本应该由团队成员共同承担的任务,被上司自己单挑独揽了。为了清除这些便签,他们不得不工作、工作、再工作。

经理

斗地主

忙碌的上司和悠闲的下属

"悲催"的能人

在职场中,一直就存在一种怪现象,叫"能者多劳"。因为能力强,所以上司信任你,一旦有任务,他们第一个想到的当然是你。因为能力强,同事们也纷纷找你帮忙。本属于其他人的本职工作,就因为你做得更棒,所以转到了你的身上。

尤其是当大家坐在会议室中,分配任务的时候,其他人纷纷拿出"我不会"作为挡箭牌,一番推脱后,绝大部分任务都落在了能人的身上,他们带着满身的便签离开会议室。然而,他们并没有因为多完成任务而获得相应的报酬。

能力卓越的人,能够在相同的时间内清除比别人更多的便签,这是"能者多劳"的根本原因。如果"能者多劳"配上"多劳多得",应该是合情合理的状况,可在现实的职场中,"多劳"与"多得"总难沾上边,有时候反而是"多劳多错",额外付出劳动去清除便签,却因为做得不好而遭受惩罚,袖手旁观的人倒是安全的。

变成附属品的部门

作为一个部门,也会因为承担过多的额外便签而沦为其他部门的附属品,成为可怜的"便签组织"。

赖××是某事业部的经理,过年前的一天,总经理请他到自己的办公室，两人相对而坐，一番寒暄之后，总经理郑重地问："赖经理，您对自己和自己部门的年度绩效，是怎么看的？"

"嗯……啊……"赖经理吞吞吐吐答不上话，年初设定的部门目标，连一半都没有达成，合格都算不上。他的脸涨得通红，这时，他才真的体会到无地自容的滋味。

赖经理语无伦次地答道："总经理，虽然……可是，我们一刻也没闲着呀！"

"那么，你们都做什么了？"总经理问道。

"上个月，我们主要配合市场部开展促销推广活动；上上个月，我们把主要精力用在了配合企划部执行项目方案方面……"赖经理详细地罗列了自己部门的工作内容。

听完他的一番话，总经理最后说："你说的这些，我都不大了解，而且，这些事情好像也与你们部门的绩效没有关系吧，公司希望你们部门做的，是达成自己的目标！"

赖经理再次无言以对。

像赖经理的事业部一样，因为过多地承担跨部门协作的工作内容，而导致本身的绩效无法完成，这样的部门恐怕有不少吧。

第二节　便签贴为什么会满天飞

按理说，每一张便签都应该有自己的主人，可事实并非如此。在职场中，到处飞舞着无人认领的便签贴，它们被人扔来扔去，一不留神，就可能落在你的身上。

我们不免纳闷：为什么总有无人认领的便签贴肆意飞舞呢？

逃避责任的本能

如果付出和收获无法对应起来，就没有人愿意主动接受额外的任务。即便是自己的任务，也会想方设法推脱掉。少执行一份任务，就意味着少一份付出，少承担一份责任。这是人趋利避害的本性使然。

逃避责任者最常用的一招就是"拖延"，他们表面上接受任务，实际上却迟迟不付诸行动。当你追问事情进展情况的时候，他们以各种困难为借口，敷衍塞责，或者干脆提出种种反对的理由，来证明任务的不可行，希望取消。

　　为了掩盖拖延的事实,狡猾的他们有时候也会去做一点,但也只是仓促地开一个头,任务就被他们永久地搁置起来,直到过了必须完成的期限,也就不了了之了。而在拖延任务期间,这些任务随时都可能是转变成其他人的便签。

　　逃避责任者还会使用卑劣的伎俩,以便将属于自己的便签转嫁给别人。在分配任务的时候,他们常常无端地给别人"戴高帽",然后顺势把任务推给别人。比如,需要制订一份销售方案,经理召集部门的所有人员开会讨论,决定由谁来主导这个任务。在会议上,试图逃避责任的李××说:"小王是方案写作高手,他的文字功底绝对一流,而且,他总能够敏锐地提炼出产品的卖点,由他来主导完成这份方案再合适不过了!"因为李××的这番话,让本不擅长方案制作的小王被贴上了便签。

任务归属人模糊

　　我们是不是常常遇到这样的情况——上司慷慨激昂地说:"大家一起努力,群策群力把市场调研的事情做好!"结果,没有一个人真正去做市场调研的事情。

　　如果不明确指定责任人,谁愿意主动承担责任呢?谁愿意充当"出头鸟"呢?"大家一起",就意味着责任由大家承担,这也可以说成是责任谁也不承担! 自古就有"法不责众"的说法,大家的侥幸心理在作祟,以为后果不用自己承担,即便需要承担责任,大家分摊一点,每个人所承担的责任也就可以忽略不计了。

即便有人勇敢地站出来,把自己视为牵头人,组织大家开展行动,可上司并没有明确指定其责任人的身份,也就是说,这个人没有被赋予领导权,那么,别人就很难真正地服从他(她),甚至还会指责他(她)为"出头鸟"、多管闲事、别有用心、好大喜功。这个人很可能成为被嘲笑和挖苦的对象,他(她)的主动反而会害了自己。

没有明确的责任人,任务的归属不清晰,就会导致便签贴漫天飞。

岗位职责不确定

在组织中,有些岗位的职责是不确定的。尤其是处于创业阶段的组织,由于人力资源的配备不完善,组织架构经常变化,每个人都可能身兼数职,而且承担的具体工作内容也经常变化。

即便是在相当成熟和有规划的组织中,要想百分之百地依照岗位职责来行事,也可以说是做不到的。因为组织的一切行为需以客户和市场为导向,而众所周知,客户和市场恐怕是最阴晴变换、捉摸不定的。为了适应变化,组织的行为不得不不断作出调整,岗位职责也会随之变动。

在制造型企业中,生产线上的工人们都非常清楚自己的岗位职责,他们的工作是重复而连续的,在相当长的时间内都可能不变。

而在知识型组织中,事情就不再这样简单、纯粹了。准确地定义知识型员工的岗位职责本身就相当困难,因为这些岗位所产出的成果本就不是固定而统一的,如果服装设计师总是给出千篇一律的设计样稿,一定早被"炒鱿鱼"了。所以,压根就没有办法对这些岗位的职责进行精准地定义,人们不得不退而求其次,笼统地说个大概了。

另外,知识型员工所要服务的客户,他们的需求变化莫测,而且具有多样性。从事企业管理咨询工作的咨询师们一定对此深有感触,如果有两家客户提出了一模一样的需求,那他们一定会比见到三头六臂的怪物还感到稀奇。知识型员工不得不根据客户的不同需求来调整自己的职责。

而当岗位职责不确定,或者经常变化的时候,就会有不明主人的便签贴乱飞。

工作流程不明晰

所谓流程,是指为了获得最终的成果,而设计不同的工作模块,并且规定每个模块需要交付的成果,然后合理安排不同模块的完成顺序。例如,某培训公司实施一场培训课程,工作流程如下图所示。

培训课程流程

在制造型企业中,工作流程在生产流水线上体现得最明了,每一个工作模块所要交付的成果和成果交接的对象都有明确且清晰的规定。而在知识型组织中,工作的流程往往是无形的,在实际的工作过程中,即便以书面形式对工作流程加以规定,很多人往往还是不依照流程做事。

当工作流程不明晰的时候,就会出现随意贴便签的情况。一方面,工作模块所要交付的成果不明确,就会滋生偷懒行为,本应该在自己的工作模块中完成的任务,却被留到了下一个工作模块,处在下一个模块的人为了交付成果,就不得不为上一个模块的人代劳,帮他们清除便签。另一方面,工作成果的交接对象不明确,也会助长乱丢便签的行为。如果张三的工作成果需要交付给李四,而李四却完全不知道,那么,张三当然就可以若无其事地扔掉便签了,而李四为了完成自己的任务,却又不得不为张三代劳。

利益分配不合理

利益分配不合理是导致乱丢便签行为的重要原因。

谁也不愿意过多地接受这种"投资大、收益小"的便签。在职场中，如果凭借权力迫使别人接受这些便签，那么，丢便签行为发生的几率就会非常高。即便会有人默默清除掉这些便签，恐怕也不能取得想象中的出色结果吧，而且这种"逆来顺受"的状况也不会维系长久。

付出和收获总是不能划上等号，丢弃便签的行为就会猖獗，因为人们只好无奈地选择通过减少便签的方式减少付出。

当然，世上也根本就不存在绝对合理的利益分配方式。"合理"或者"不合理"，往往只是人们心中的感觉。心理学研究的成果告诉我们，人们对合理或不合理的感觉源于"比较"。具体地说，在职者常常把自己的任务和收益情况与别人进行对比，一旦"感觉"不公平，他们的心底就会滋生丢便签的想法，并很可能会付诸行动。

第二章
甩掉来自下属的
便签贴

第一节　一项任务只能有一个负责人

　　有一种人,他们高高在上,但却常常身不由己;他们表面荣光,但却常常有苦难言,他们的名字叫"上司"。

　　上司从来就不是一个轻松的职位,没有足够的功力,就可能被下属们贴满便签,沦为下属的"下属"。很多人以为,上司肯定是组织中最"悠闲"的那个人,无论什么事情,上司都可以凭借他(她)的职权,让下属为其代劳。然而,事实并非如此。很多上司是组织中最忙的那个人,他们忙着做计划、辅导下属、参加会议、拜访客户、阅读文件、回复邮件、计算下属的绩效、处理客户投诉、安抚下属的情绪、反思组织的错误……他们甚至因为忙碌而影响到家庭和谐与身体健康。

　　很多新晋升的上司会很快发现,自己的下属绝不是一群"听话"分子。他们总可以找出一大堆"合情合理"的借口,然后告诉你:"这,我做不到!"他们还常常对上司说:"我已经尽力了。"他们甚至这样对上司说:"这样做真的行不通,不信你试试。"身为上司,你常会对这种情况感到无力,要么作罢;要么亲力亲为,自己充当一次下属,用行动向他们证明"这样做真的行得通"。

下属们是怎样给上司贴便签的

当上司们颇费了一番精力把便签分给下属之后,下属可能在执行的过程中,轻易就把便签贴还给了上司。让我们看一看下属们是怎样给上司贴便签的吧!

第一,让上司来安排自己具体的工作事项。

"领导,您看,接下来我应该做什么?"这句话恐怕我们的上司们听得耳朵里都长出茧子了吧。说这句话的下属是典型的"唯命是从型"员工,他们总是根据上司的命令行事,如果上司没有命令,他们就无事可做。表面看来,这么听话的他们,简直是万里挑一的好员工!可是,仔细想想,如果所有下属的工作事项都需要上司来安排,恐怕上司的时间和精力就会耗费殆尽。尤其是当下属数目众多的时候,上司根本就不可能照顾周全,为所有下属安排具体的工作事项。

上司替下属们安排具体工作,无疑给自己本来就捉襟见肘的工作时间又增添了沉重的负担。我这么说,一定有很多人感到疑惑:"难道上司应该对下属们做什么不管不问吗?"答案是当然不应该啦!简单地说,上司的职责是指着目的地对下属们说:"兄弟们,我们要占领那里,冲吧!"至于"兄弟们"怎么冲,是靠两只脚,

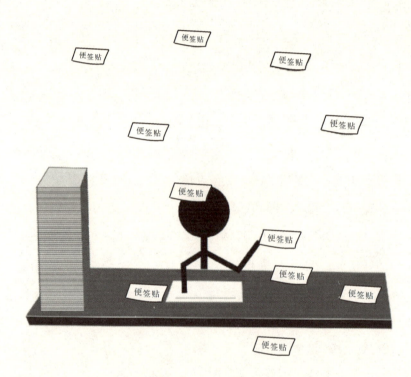

高高在上的上司，也许正被漫天的便签所覆盖

是开法拉利,还是驾驶直升飞机? 具体走哪一条道路? 每天走多少路? 这些具体的工作就应该由下属们操心了。

上司的主要工作应该是致力于为组织设定为数不少的目标,下属们则应该围绕目标,制定具体的行动计划,并开展行动。也就是说,"我应该做什么"这样的问题需要由下属自己来思考。听从上司的命令行事,就是把便签扔给上司。

第二,让上司来思考问题的解决方法。

下属们常跑到上司的办公室,说:"老大,关于……的问题,您看怎么办?"上司一时也难以做出答复,便说:"这个问题,我再好好想想,到时给你答复。"于是,下属轻松而潇洒地走出上司的办公室,而上司却不得不绞尽脑汁思考解决的方法。

这一幕一次又一次地上演,竟没有人意识到其中的不妥之处。上司们被下属贴便签,却对此浑然不觉。试想,如果所有的下属一旦遭遇问题,就来"骚扰"上司,让上司思考解决问题的方法,那么,下属存在的价值是什么? 上司又如何能有足够的时间和精力来思考这些问题? 很显然,这样的做法是不妥的。"思考解决问题的方法"是下属的便签,下属让上司来思考解决方法,是把自己的便签扔给了上司。

第三,下属无法交付成果。

当下属说"我已经尽力了,但是做不到"的时候,他们认为理所当然,因为在说这句话之前,下属已经罗列了很多"尽力"的事实和"做不到"的理由,他们说得诚恳、合理,连他们自己也觉得事实如此,而上司也对此深信不疑。最终,下属交付了一个没有价值的结果,而上司却不得不为这个结果负责。

如果你是企业的经营者,下属们总给你这样的结果,企业就会面临亏损,甚至倒闭,因为客户不会为毫无价值的结果付费。如果你是某部门的经理,下属们总给你这样的结果,那么,你可能就面临着"下课"的危机,因为你的领导不会直接惩罚你的下属,而只会怪罪你管理不当,认为你不是一名合格的管理者。因为身为上司,永远都要为下属们的行为承担最终责任。

无论什么原因,下属无法提供有价值的结果(也就是"成果"),就意味着他们没有清除掉属于自己的便签,而是把便签转嫁给了上司。

第四,下属的执行力大打折扣。

下属的执行力向来是上司们非常关切的问题。有很多事情,上司们坚信可以做到,下属经手后却说"做不到",这恐怕是身为上司最感到头大的事情吧!

通过努力可以达成的目标,却因为下属在执行过程中大打折扣,导致目标落空,而最终上司却不得不为此承担全部的责任。

你究竟把接力棒交给谁了

如果上司持续被下属贴便签,并且对此不加制止,那么,必将不堪重负,沦为辛劳又忙碌的"便签人"。没有充沛的时间和精力做真正重要的事情,也就会使与组织绩效息息相关的事情被耽搁。而且,由于上司过多地为下属代劳,下属的能力得不到锻炼与提升,组织的绩效也迟迟不有大的起见。

为了改变这种状况,上司首先要做的就是明确责任人。

　　某公司负责人周总费了九牛二虎之力,与客户谈妥合作事宜,他回到公司后,召集部门全体成员开会。在会上,他颇为激动地宣布了这个好消息。之后,他谈了谈"接下来该做什么",下属们也畅谈自己的看法,可谓知无不言,言无不尽。时间一晃,一下午就过去了,最后周总总结道:"今天会议到此为止吧,大家分头行动,把这个项目做好,我们的前途一片光明呀!"

　　一周之后,周总再次召集大家开会,他开门见山地问道:"大家都说说,事情推进得怎么样了?"话音落地,竟没有一个人应声。大家面面相觑,都显出很无措的样子。

　　周总以为大家怯场,又补充说:"随便说说,不要紧的。"

　　还是没有人吱声。会议室静悄悄的,只有周总自己的声音在回荡。

上司在分配任务的时候，必须明确"接力棒"的交接对象

周总急了,点名问:"孟××,你说说吧!"

孟××吞吞吐吐地答道:"周总……您……您也没说做什么呀!"

周总听完这话,愣在当场。

后来,周总经过一番痛苦的反思,认识到之所以发生这样的事情,原因是自己并没有真正把责任的接力棒交给下属。他只是说"大家分头行动",可是,"谁负责什么事"这个具体的问题他没有解决,所以大家都不知道该做什么。

如果周总在会议总结的时候说:"孟××负责这件事,李××负责那件事,高××负责第三件事,胡××负责第四件事……"那么,大家一定就会有实际行动了。

当上司决定把手中的接力棒交给下属的时候,必须明确这个人是谁,而且,一根接力棒只能交给一个人。如果上司同时对李××和王××说:"你们俩一起负责这件事。"结果可能是他们俩谁也不会真正认真负责。而且,当糟糕的结果出现的时候,上司要追究责任,他们俩就会相互推诿,到时候,惩罚谁都不合理,因为当初在交接力棒的时候,上司就没有明确具体负责人是谁。

因此,身为上司,给下属分配任务的时候,务必明确任务的责任人,而且,一个任务只能有一个责任人,绝对要避免两个或两个以上的人共同负责一个任务。只有这样,便签贴才能找到主人,而且不会到处乱飞。

把大任务切成小块分给各负责人

有些任务是非常繁重的,步骤多、难度大、周期长。很多上司面对这种繁重的"大任务",如果仅仅设置一个负责人,上司会不放心。他们总以为多安排一个负责人,就多了一份保险——这就是上司常常安排多个负责人的主要原因吧!然而,事实上,人多有时候并不等于力量大,安排多个责任人,反而会使组织的行动力大打折扣。

面对这些"大任务",为了保证它们能够较顺利地完成,最好的方法是通过合理的分割,使得"大任务"变成"小任务",再为每一个"小任务"安排一位责任人。就像把一个大蛋糕切成很多块小蛋糕,然后一块块地分给不同的人。这样做,既使每一张便签贴都有主人,又让更多的人承担不同的责任,为"大任务"的顺利完成添加了保险。

那么,如何对"大任务"进行合理的分割呢?

第一,按照相似的工作模块分割"大任务"。

在组织行为中,有很多相似的事项可以集合成一个工作模块,例如:企业网站建设、产品宣传资料设计、企业徽标(LOGO)

设计、用户体验店装修设计……这些工作可以集合到"企划"的模块中;整理资料、文件归档、分类索引、资料查询、文件保管……这些工作可以集合到"档案管理"的模块中。

相似的模块还有产品设计、生产、营销、促销、物流等。我们可以把相近的"小任务"集合成一个工作模块,然后以工作模块为单位,对"大任务"进行分割。

例如,为了拍摄一个视频宣传短片,我们可以这样划分工作模块,图示如下:

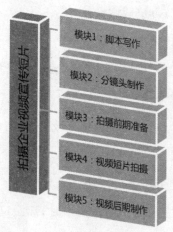

第二,按照工作流程分割"大任务"。

明确的工作流程规定了工作模块、每个模块的完成顺序、每个模块的责任人。我们可以按照工作流程对"大任务"进行分割。

第三,按照责任人擅长的领域分割"大任务"。

当任务的责任人明确之后,可以按照责任人擅长的领域对

"大任务"进行分割。例如,黄××相较于其他责任人来说,最擅长向客户推销产品和客户服务工作,那么,就让其负责销售和客服的工作模块。而另一位责任人汤××则擅长行政工作,那就不妨让其负责这个工作模块。

需要注意的是,这种分割方式很可能导致"能者多劳"的局面,因为擅长的事情多,所以被安排更多的便签。因此,上司最好将工作量的多少与最终收益相联系,让"多劳者多得",才能激发相关责任人的工作动力。

第四,按照工作区域分割"大任务"。

某品牌服装店计划在一年的时间内,在全国一线城市新开八家分店。这个"大任务"就可以按照区域进行分割——每个城市安排一位负责人,总计八位负责人,每位负责人需要新开一家分店。这种分割方式常被运用在销售领域,区域销售经理通常就是"小任务"的负责人。

第五,按照时间节点分割"大任务"。

如果一个任务完成的周期是五个月,那么,可以将每一个月作为一个"小任务",然后再为每个月安排一位责任人。

明确成果的交付对象

当上司明确了接力棒的交接对象,也就是明确了任务的责任人之后,还需要明确责任人需要交付的成果,以及成果的交付对象。换而言之,你需要回答两个问题,第一是"责任人取得了什么样的成果就意味着完成了任务?"第二是"责任人应该把成果交接给谁?"

为了解决第一个问题,上司需要和责任人一起,详细地描述和定义最终成果,并且与责任人达成共识,然后以书面的形式写到纸上。

对于成果的描述必须准确,最好使用可以衡量的数字,避免使用"大约"、"差不多"、"左右"等笼统的描述,更不要使用"满意"、"优秀"、"卓越"等定义模糊的词汇。

正误两种成果描述示例

错误的成果描述	正确的成果描述
让客户对我们的服务感到满意。	将客户满意度提升到90％以上。
大幅度提升会议营销的成功率。	将会议营销的成功率从30％提升至65％以上。
通过培训显著地改进团队绩效。	通过培训使团队的绩效考评分从75分提高到90分。

在示例中,"满意"、"大幅度"、"显著"这样的描述都是无法衡量的,上司和下属将很难确定成果是否达成,而用"90％以上"、"从30％提升至65％以上"、"从75分提高到90分"这样量化的指标来描述成果,就非常明确了。是否取得成果,对照数字就一目了然。在数字面前,没有借口,也无可推诿。

为了解决第二个问题,上司需要明确成果的交付对象,成果交付给谁,就意味着对谁负责,接受谁的考核。身为上司,在明确成果交付对象的时候,就应该让每个人都清晰地意识到考核的必要性。

上司可以在布置任务时当面对所有负责人这样说:"王××达成的结果,由张××来交接,张××具有对王××的结果的考核权力,也就是说,王××做得行不行,由张××说了算!张××说行就行,说不行就不行!"

几乎所有的在职者都明白对客户负责有多么重要,因为客户是"衣食父母",但很少有人真正具备"内部客户"服务意识。所谓"内部客户",是指组织内部的成员,也就是上司、下属或平行部门的其他成员。很多人努力让上司满意,那是因为上司直接决定了他们的薪资和晋升机会。而对于下属或平级的同事,他们就随意得多了,常常抱着无所谓的态度,办事不怎么上心。因此,他们提供的成果质量一般不会太高。而且,由于大家同在一个组织中,彼此是低头不见抬头见的同事,即便成果的质量达不到要求,也因为碍于情面而不得不接受。

　　松下电器公司实行事业部制,各事业部虽然归总公司统一管理,但是独立核算成本和收益。松下电器公司的马达事业部不仅为其他公司生产马达,而且肩负着向松下电器公司内部的其他事业部提供马达的责任。不过,其他事业部的负责人却联名上书,请求不再使用本公司马达事业部生产的马达了,转而采购其他公司生产的马达。这令松下电器公司的创始人松下幸之助深感震惊。自家人却不使用自家人生产的马达,而去采购别家的,这件事真是令人费解!

经过多方调查,松下幸之助找到了原因——马达事业部的同事们认为给自家人提供马达,马虎一点也无妨。结果,其他事业部的负责人发现,采购松下电器公司自家生产的马达,反而比采购其他公司的马达要贵很多,效率却低很多,而且其他公司人员的服务态度也要比自家人好上很多倍。

正是因为松下电器公司的马达事业部严重缺乏"内部客户"服务意识,使得其他事业部的负责人要联名上书来"弹劾"它。

松下幸之助为了改变现状,不仅把自己作为牵线搭桥的中间协调人,促进各事业部之间的沟通,而且,他带领各事业部制定了一套细致的成果交接规则和程序。具体来说,马达事业部为松下电器公司内部的其他事业部提供马达,也要向为外部客户提供马达一样,接受严格的考核。

为了避免在交接成果时乱丢便签的状况，上司最好预先设定成果交接时的考核规则和程序，一旦成果考核不通过，就驳回重做，这样，便签的主人才会自我约束，自觉地提升成果的质量。

在众人面前给负责人一个"名分"

如果你以为，每一个任务明确了一位责任人，而且设定了成果交付对象和成果考核标准，做到这样便万事大吉，那就大错特错了，而且这样的想法还非常危险。

上司没有给任务负责人一个适当的职位和权力，他（她）就不可能顺利地调用组织的人力和物力资源。因为"无名无分"，谁会听你调遣呢？我们在职场中，常常需要领导出面协调资源，原因是"领导"出马，代表一定的强制性，资源才能比较顺利地协调到位。下属没有被赋予"名分"，却对同事"发号施令"，大家会觉得莫名其妙，当然也不会随随便便就听命于他（她）的。

　　小莫从上司的办公室出来，内心有些激动，经过了半年多的学习和实践，他现在终于获得了单独做项目的机会。上司说："放手去做吧，有需要协助的地方，可以请教其他同事。"小莫点点头。

　　几天之后，小莫才发觉"做点事情真是不易"，而困难恰恰来自于那些看上去根本微不足道的小事——小莫向同事们发出协助请求的时候，大家好像都很忙，一点儿也腾不出时间帮助他，就连拷贝一些项目资料的小事，也常常被以"机密资料，不能外泄"的理由拒绝了。小莫倍感郁闷，他甚至怀疑自己是不是人缘不好，不讨同事们喜欢。

小莫如实向上司反映了自己遭遇的困难，上司会意地一笑，说："小莫，不要有心理压力，你所遇到的困难，责任在我，你先回去，我今天会帮你解决这个困难。"

小莫带着疑惑回到了自己的办公室。

下班之前，上司召集部门所有同事开会。会上，上司郑重地对大家说："下面，我宣布一个消息，现任命小莫为项目经理，具体负责××项目。小莫享有项目经理的职权，大家在今后的工作中，也请多多支持他。"会议室响起了掌声。

自此之后，小莫发现同事们对自己热情多了，与项目相关的事情，只要他提出请求，基本都会得到协助。

为了让任务负责人顺利地调用资源，身为上司，就必须在任命的同时赋予"名分"。这个"名分"可以是暂时的，随着任务的结束而自行取消。管理咨询公司常以项目小组的方式开展工作，为了完成一个咨询项目而组成临时工作小组，任命临时小组长，小组长拥有决策和指挥权,一旦项目结束,小组长的身份就自行消失了。这种方式值得我们借鉴,具体的做法就是针对具体工作,选举出专门的负责人,并且赋予其"领导"的职权。

为了让负责人的"名分"更加明确,上司需要在所有人出席的情况下,郑重地宣布负责人的职位与权力,并且请负责人上台宣布就任,并做简短的演讲。之后,你需要以书面的形式生成一张任命书,贴在公告栏里,或者扫描后通过电子邮件群发给每一位团队成员。

第二节　明确做的好处和不做的坏处

身为上司，最感到头痛的莫过于下属无法提供成果了。无论目标设定得多么合理，计划制订得多么详细，资源投入得多么巨大，下属却总是无法交给你满意的结果，这是无法容忍的事情。

为什么会这样呢？最重要的原因是下属执行力不强，他们没有付出足够的努力。本来付出百分之百的努力可以实现的目标，却仅仅付出了百分之三十的努力，目标当然就难以实现了。他们没有把上司交代的事情当成自己的事情，处处敷衍了事，推卸责任。

下属为什么乱丢便签

王××晋升为部门经理才一个月，就遭遇了困难。

他感觉到下属们越来越"叫不动"了，尤其是分配新任务的时候,大家总会找出各种理由推脱,有人说:"王经理,您上个星期布置给我的任务我还没做完。"有人说:"这个我一点也不擅长,让我来做会做砸的。"……大家把便签踢来踢去,没有人主动接受。最终,王××不得不得罪下属,以上司的身份强塞给某个人。然而,结果常常令王××大为失望。下属带着抵触情绪做事,怎么会有好结果?王××总在不经意间看到下属们在闲聊、玩游戏、看电影等,他感到非常气愤,又无可奈何。

王××不解地自问:"为什么下属总是乱丢便签,不愿意主动承担责任,完成任务呢?"

要解答这个问题,就需要探究人们的工作动力。概括起来说,人们的工作动力有两种:第一是逃避坏处,第二是追逐好处。在职场中,加薪、晋升、受到上司表扬、赢得发展机会、获得物质上的回报……都是人们追逐的好处,而挨批评、受惩罚则是人们竭力逃避的坏处。

下属之所以会乱丢便签,常常是由于他们不知道执行任务会获得什么显著的好处,也不知道不执行任务的坏处。绝大多数上司布置任务的时候,都没有向下属阐明执行任务的好处和不执行任务的坏处。下属们不知道任务的完成与否跟自己是什么关系,他们觉得任务与自己不相干,任务是上司的,而不是自己的,所以他们不主动、不用心,反而推脱、敷衍。

让便签与下属的利益息息相关

为了让下属认领便签,也就是让他们自觉地承担任务,上司必须设法将任务与下属的切身利益相关联起来,而且这种关联性越紧密,下属的主观能动性就会越充分地被调动起来。那么,有哪些具体的做法可供参考?

第一,签订责任状。

这种做法需要在非常正式而重大的场合下开展,通常是在组织的年度大会上。

组织的所有成员都在场,上司最好把工作任务制成书面文件,让负责人在所有成员的注目下宣读责任状。责任状要包含对任务的具体描述、成果的考核标准以及完成时间。

读完之后,负责人郑重地签上自己的名字。如果可以的话,还可以拍照留念。这样做的目的并不是留下"证据",而是给负责人形成一种"必须完成"的压力。因为在所有成员的面前接过了便签,负责人将接受所有人的监督,一旦不能完成任务,就会失去所有人的信任。在如此巨大的压力下,负责人必然竭力完成任务,而不会设法甩掉便签了。

第二,设定浮动的绩效薪资。

在管理领域,有一句经典的话:"员工不会做你期望的,只会做你考核的。"管理者们都普遍认同这句话。

如果下属是否完成任务、完成了多少任务、完成任务的质量都与他们的薪资没有关系,也就是说,管理者难以通过薪资来考核下属,那么,推脱和敷衍的情况就会不可避免地出现。没有考核,纯粹地指望下属自觉工作,下属不乱丢便签才怪呢!

为了减少这种情况的发生,上司要为下属设定浮动的绩效薪资。绩效薪资就是用来考核的,与下属最终得到的薪资数额挂钩。具体的做法是拿出总薪资的 40% 左右作为绩效薪资。假设,某员工考核得分是 90 分,满分是 100 分,那么,下属得到的实际工资就是绩效薪资乘以 0.9。

在实际操作中,无论是上司还是下属,都以为绩效薪资就是用来扣钱的工具,这是极大的误区。考核分总是低于满分,也就是说,即使下属任务完成得非常出色,也不会得到额外的奖励,这样不仅起不到激励作用,反而让员工误以为所谓的绩效工资就是"资方"想着法子扣员工的钱而已,结果可能助长了下属推脱责任和敷衍了事的行为。因此,如果下属出色地完成了任务,考核分就应该高于满分,给予奖励。

第三,建立部门奖惩基金。

对于一些重要的、有时间限制的、非日常的任务,为了督促下属按时完成,上司可以通过"奖钱"和"罚钱"的方式来实现。

具体的做法是在布置任务时设定奖励和惩罚的资金数额。奖惩资金的数额多少与任务的重要性相关，一般不宜过多。无论是奖励或惩罚，都必须立即兑现，并且在所有成员均在场的情况下进行。罚款可以作为"奖惩基金"，由专人保管，向所有成员公开数额，并且专门用来奖励优秀者，不做其他用途。

需要注意的是，这种方法不适用于日常工作，而且不宜过多地使用，否则将引起下属的极大反感。

第四，将任务和责任人公之于众。

为了督促责任人完成任务，上司可以利用公告栏或看板，以书面的文件把任务与责任人张贴在公告栏或看板内，这样，组织内的每一位成员都可以见到。负责人在所有组织成员的监督下，不仅不敢乱丢便签，而且会按时完成任务，因为他们感觉到所有人的眼睛都在盯着自己，他们非常担心失信于所有人。

务必兑现你的承诺

一旦对下属明确了完成任务的好处和坏处，就务必百分之百地兑现你的承诺。有时候，即便明确了好处和坏处，可当结果出来的时候，上司却没有兑现承诺。没有完成任务，不给予相应的惩罚；圆满地完成了任务，也不给予奖励。这样做，只会造成下属对任务没有任何敬畏之心，他们把上司的承诺当做空头支票,失去对上司的信任,当然也就不会认真完成任务了。

为了兑现承诺,上司应该做到:

第一,不折不扣地按照分配任务时设定的标准进行奖惩。

任务完成后,上司应该立刻严格地按照衡量标准对结果进行考核,考核要公正、公开、公平,不要凭个人好恶和关系的远近而有所偏倚,要用事实说话,用数据说话。结果考核后,不折不扣地执行奖惩措施。很多上司碍于情面,对下属的惩罚执行得很不彻底,这样做只会丧失大家对标准的敬畏之心。

第二,奖惩措施要立即执行。

无论是奖励还是惩罚,目的都是为了激励下属优质、高效、百分之百地完成任务,清除属于自己的便签。可是奖惩来得太晚,这种激励作用就会微乎其微。很多做事拖延的上司,总是不能够立即兑现承诺,而要一拖再拖,可能在任务完成数周乃至一个月之后才能兑现承诺,这个时候,下属们早已经将任务淡忘,奖惩带给他们的激励作用也就可以忽略不计了。因此,为了最大化地发挥激励作用,奖惩一定要在结果考核后立即执行。

第三,公开表扬优秀者。

在所有组织成员都在场的情况下,上司郑重地表扬优秀者,不仅极大地激励了受到表扬的人,而且也为其他成员树立了榜样,让他们找到学习和超越的对象,这也是一种激励。

对下属的表扬,任何时候都应该秉承着实事求是的原则,从成果出发,不夸大、不虚拟、不美化、不牵强,在表扬的时候讲述事实,拿出数据,亮出成果,这样才能让其他成员心服口服,也才能激发他们的动力。如果虚构事实,就会激起其他成员的反感情绪,让他们认为上司有失公平,丧失对上司的信任。

第三节　搞定"软抵抗"的下属

有这样一种令上司备感头疼的下属：他们绝不直接拒绝上司的要求，但他们总是不断列举出各种理由反驳上司，证明上司布置的任务不可行；他们在执行的过程中敷衍了事，处处偷懒，大打折扣，遇到一点困难就说"不行"；他们常常拿"我很忙"当挡箭牌，拒绝接受新的任务；他们极少主动沟通，更不会积极地承担责任，总得在上司的严格督促下才会有所行动。总之，他们表面上顺从，暗地里推脱、敷衍，他们——就是"软抵抗"的下属。

下属是怎样拒绝便签的

"软抵抗"的下属不会直接拒绝上司，他们却会冠冕堂皇地堆砌一箩筐理由，然后神不知鬼不觉地甩掉便签，让上司无可奈何。很多上司背负了太多的便签，工作无法有效开展，只能自己默默承受。

下属是怎样悄无声息地拒绝上司的？

第一，用"不可行"来拒绝便签。

上司与下属讨论任务的可行性时，"软抵抗"的下属总竭力证明任务的"不可行"，他们不停地质疑，不断提出问题，却不寻找解决方案。上司提出一个好的想法或项目，激动地与下属们一起探讨可行性，却被下属们批得体无完肤。最终，上司不得不作罢。

事实上，任何新的想法或项目都会存在不完善的地方，身为下属，应该设法去完善上司的想法，这样才能创造价值，有所突破。但是，"软抵抗"的下属们质疑和提问的出发点是为了否决任务，这样在他们的工作清单中就不用再增添便签了。可悲的是，要证明一个任务不可行，总是可以找到数不清的理由，所以，他们常常得逞。悲催的上司就这样一次又一次地被下属们否决。

第二，用失败的结果证明上司的错误。

如果上司执意要求下属执行任务，"软抵抗"的下属也会答应，但他们绝不会付出百分之百的努力，而只是做做表面功夫，然后跑到上司的办公室说："领导，您看，这样做真的不行！"

他们用实际行动证明上司错了，这个时候，上司们只能接受"不行"的结果了。不接受又奈何？总不能亲自去做，以证明自己是对的吧！

第三，故意拖延完成任务的时间。

为了让拒绝便签的行为看上去有理有据，"软抵抗"的下属们拿出排得满满登登的工作清单，以证明他们根本挤不出任何时间来完成其他事情。事实上,只要他们稍微提升效率,或许只要一半的时间就能清空所有的工作,但他们不会这样做的,慢一点是故意的,慢一点完成,就可以少接受一点任务。

下属为什么会拒绝上司

身为上司,你必须相信,没有任何一位下属会无缘无故地拒绝上司。他们之所以百般地不配合,一定是有原因的。

其中,最重要的原因就是他们缺乏对于工作的热情。很多人并不喜欢自己的本职工作,他们甚至认为工作是为了获得薪资而不得不做出的牺牲;他们也曾经很努力,但是没有成效,也没有获得别人的认可;他们觉得自己为组织做出的贡献微不足道,自身存在的价值可有可无;他们没有目标,只是一味听从上司的指令来开展工作;他们将上司视为资方的"代表",是监工,是自己的敌人……所有这些原因,都导致他们丧失了对工作的热情。

缺乏工作热情的下属,就会失去动力,工作处处被动,不愿意接受便签。更可怕的是,这种消极的工作状态会像瘟疫一样在组织中肆意传染、蔓延,让本来有工作激情的员工也逐渐丧失了激情,最终,整个组织变得死气沉沉,毫无斗志。当所有人都被这种气氛笼罩之后,大家就会习惯于这样的状态,想要重新调整过来就非常困难。

同时,上司缺乏激励下属的正确方法和技巧,也是导致下属丧失工作热情的另一个重要原因。卓有成效的管理者们认为，没有天生就缺乏工作热情的员工，下属们之所以显得动力不足，是因为上司提供给他们的"激情燃料"不足。许多上司最常使用的鞭策手段就是扣钱和言语上的批评，这种方法不够正面，有时会起到反作用。然而类似于当众批评员工，甚至对员工恶言相加，这种拙劣的方法如今依然在职场中屡见不鲜。

认为下属就该"听上司的话"，下属执行上司的命令是天经地义，有这样想法的上司恐怕还相当多吧。这些上司们甚至都没有意识到激励下属的必要，在他们眼中，下属只是执行任务的机器而已。

因为激励手段拙劣，或者干脆不激励，使得本来满怀激情的员工很快就像"瘪了气的皮球"，毫无斗志可言了。他们不再主动承担责任，而是与其他人一样，开始拒绝上司的便签。

在"你的薪资我说了不算"时激励下属

身为上司，应该怎样点燃下属的工作热情？

给予高额的报酬当然是一种强有力的方法，我们都不得不承认，绝大多数人都是为了获得更多的报酬而工作。"重赏之下必有勇夫"，通过高额薪资的刺激，可以使下属接受更多的便签。可是，身为上司，大多数时候，对下属的薪资做不了主。即便是组织的最高管理者，也不可能随意增加下属的薪资，而不得不根据组织的赢利情况量力而行。而绝大多数中层和基层管理者对于下属的薪资只有建议权,没有决定权。

在组织中,有这样一些下属,他们根本不在乎用于考核的绩效薪资,因为那只是薪资中的一小部分,在他们看来,根本就微不足道,扣多扣少也无所谓。所以,他们压根就不在乎考核。

越来越多的上司们还发现,即便满足了下属对于薪资的要求,可能短期内会起到很好的激励作用,但过了一段时间,这种激励作用就荡然无存了。

事实上,单纯的物质激励绝不是"万金油",其作用也是有限的。要激励下属,还必须辅以其他方法——

第一,让所有组织成员觉得自己从事的工作具有崇高的意义。

"帮助客户解决问题"比"销售产品"听上去更具有意义;"为孩子们创造快乐"比"生产玩具"听上去更有意义;"让我们的城市看上去更整洁和干净"比"打扫城市垃圾"听上去更有意义……我们所做的事情从来都不缺乏崇高的意义,关键是我们如何看待、寻找和塑造。身为上司,必须学会为组织的行为塑造崇高的意义。

根据马斯洛需求层次理论,我们知道,人类的需求层次从低到高,依次为:生理需求、安全需求、情感和归属需求、尊重的需求、自我实现的需求。为每个人的行为塑造崇高的意义,与"自我实现的需求"密切相关,只有当人们感觉到自己所做的事情具有崇高的意义,他们才会感觉到自我的存在具有价值。因此,让组织成员觉得自己从事的工作具有崇高的意义,是一种非常重要的激励方法。

上司可以换一种方式对组织的行为进行描述,让组织成员们听上去觉得自己的所作所为更有意义,更富感召力。具体来说,就是能够帮助到更多的人或组织,让他们的生活和工作变得更加美好。当然,这样的描述必须基于事实,不夸大,不欺骗。

第二,为组织成员设定正确的共同目标。

很多上司以为目标就是拍着脑袋想一个利润数字,然后按照人数分摊给每个人。这样的想法实在是大错特错。拍脑袋设定出来的目标,其意义和作用相当于零,这样的目标得以实现是偶然,不实现是必然。因为这样的目标只是上司自己的,而不是"大家"的。

再让我们看一看这样的目标:

"内部管理水平要实现质的飞跃";

"大幅度提升产品销售额";

"成为受客户尊敬的企业";

"为顾客创造更多的价值";

……

这些目标有一个共同特点,就是无法判断它们究竟有没有被

上司拍脑袋想出来的目标不是"大家"的目标

实现,诸如"质的飞跃"、"大幅度"、"受客户尊敬"、"更多"等词语。因为不同的人对这些词意的理解各不相同,所以大家的行为也就很难一致。总之,这样的目标对组织的行为不具有指引和激励的作用。

正确的目标必须是具体的。假如,当你为组织设定了"研发课程"的目标之后,你应该进一步将这个目标具体化。你可以在目标前面添加描述性或限制性的定语,如"研发符合培训协会认证标准的,职业化素养领域的,主题为社交礼仪的,时长 2 天的课程"。这个目标一下子丰满起来。目标越具体,就越可能被实现。

正确的目标必须是可衡量的。"大幅度提升产品合格率"这样的目标是不可衡量的,可以改成"将产品合格率从 78％提升至99％"。修改之后的目标就可以通过具体的衡量来确定是否被实现了。为了可以衡量,我们最好用量化的数字来阐述目标。

正确的目标必须是有挑战性的。具有合理的挑战性的目标才具有激励作用,如果树立一个轻易就可以实现的目标,那就没有意义了。当然,具有挑战性也不意味着高不可攀,而是经过努力之后可以实现的。如果目标让组织成员感觉根本就不可能实现,大家也会失去追寻的动力。

正确的目标必须是有时间限制的。为了让下属更有紧迫感,鞭策他们采取行动,上司必须为目标设定完成期限。对于实现周期较长的目标,上司可以将实现目标的过程分解为若干阶段,为

如果目标高不可攀，人们就会失去追寻的动力

每一个阶段设定一个完成期限,就像建造长城一样,把万里长城切成若干段,然后一段一段地修建完成。为目标设定了阶段性的完成期限,既可以鞭策大家采取行动,又可以提醒目标的完成情况,让大家及时了解进展情况。

上司在设定目标时,不仅需要遵循上述原则,而且要让下属充分地参与到目标设定的过程中,与他们一起讨论并确定目标。这样做既可以使下属充分地认可目标,又可以减少目标宣讲和培训的工作。很多上司认识到,让下属们充分而准确地理解、认同并铭记组织的目标,是一件重要而艰难的工作,需要付出大量的时间和精力才能做到,如果让下属们充分地参与目标制订的过程,就可以最大限度地省略这个工作。

第三,上司以自身的行为为下属树立榜样。

如果上司自己做不到,就不要指望下属能够听命于你。当然,这并不是要求上司在每件事上都做得比下属强,而是要求上司言行一致,所做即所说,这样才能取得下属的信任。如果上司口口声声喊着"诚信至上"的口号,却做着欺骗客户和渠道商的事情,就会招来下属的极大反感,失去下属对上司的信任。

当组织遭受严重挫折和危机的时候,大家非常气馁,此时,上司务必保持积极而坚定的态度,为所有人树立榜样。如果上司与下属们一起抱怨,表现出失去信心的情绪,那么,组织就会人心溃散,组织的精神也会土崩瓦解。因为下属们都会在心底想:"连上司都觉得不可能了,那就真的不可能了。"越是危难之际,上司越是要"扛住",越是要展示坚定的信念,这样才能带领下属们克服困难,实现预定目标。

第四,用阶段性成果犒劳下属。

有些任务,需要相当长的时间才能取得最终的成果。很多下属在执行这些任务的时候,常常缺乏耐心,很难坚持到最后。为了避免这种状况,上司要设定阶段性的成果目标,也就是把这个"大任务"分解为若干阶段性任务,阶段性任务的完成时间不会太长,下属每完成一个阶段性任务,取得阶段性成果,上司立刻给予肯定和奖励。这样,下属就不会觉得完成任务的周期太长,也就能够较轻松地坚持下去,直到取得最终成果。

第五,帮助下属取得成功。

上司对下属的最大帮助,莫过于帮助他们取得成功。身为上司,帮助下属取得成功,也是成就自己的一种方式,因为管理者的成功正是立于下属们成功的基础之上。另一方面,上司帮助下属,无疑会令下属心生感激之情,他们会更努力地工作,以此来回报上司。因此,帮助下属取得成功,是激发下属主动工作的重要方法。

为了帮助下属成功,上司需要及时地了解和发现下属工作中遭遇到的困难,并及时给予辅导或资源支持。另外,上司要针对下属能力上的空缺,通过培训或在职辅导的方式给予弥补。上司还要制定合理的工作流程和作业标准,生成书面文件,让下属"按章办事",减少行为上的错误。

第六,上司也要拍下属善意的"马屁"。

很多人对"拍马屁"这样的事嗤之以鼻,认为那是苟且之人的所为,而上司拍下属的"马屁",更是不可容忍。很多上司也认为拍下属的"马屁",是非常丢人的事情。事实上,"善意"的"马屁"是职场中的快乐元素,不仅让工作的氛围显得轻松、和谐,而且也融洽了上下级之间的关系,使得沟通更加顺畅,合作更加愉快。"马屁"的作用不可小觑。当然,"马屁"必须是"善意"的。所谓"善意",是基于事实,真诚、积极的赞美。无中生有的"马屁"有故意讨好之嫌,不仅令听者觉得莫名其妙,甚至认为你不怀好意,而且其他人也会觉得做作,产生反感的情绪。

让下属自己管理自己

管理大师彼得·德鲁克在《卓有成效的管理者》一书中提出"知识型员工"的概念,所谓知识型员工,就是脑力劳动者,是与体力劳动者相对立的一个概念。体力劳动者的工作成果一般是有形的,可以用数量或质量来衡量,而知识型员工的工作成果往往是无形的,无法用数量或质量来衡量。他们产出的是信息、知识或思想。

知识型员工的数量在当今的社会越来越庞大。他们的力量

上司压根不会知道埋头苦思的员工是在思考工作，还是在构思写给
女朋友的情书

渗透到各行各业中，而且，他们占据着重要的职位，在组织中发挥着至关重要的作用。

然而，知识型员工的管理却给上司带来了巨大的挑战。因为他们的成果难以考核，他们的工作过程也很难监控。身为上司，你真的无法知道一位埋头苦思的知识型员工是在思考项目方案，还是在构思写给女朋友的情书。

适用于体力劳动者的管理体系，已经不再适用于知识型员工了。上司们不可能有效地监控知识型员工的工作过程，也无法简单地通过考核数量和质量来评价其工作成果。上司们必须以全新的方式来管理知识型员工，这就需要自我管理。

所谓自我管理，是让知识型员工自己做自己的管理者，自己为自己的行为和成果负责。自我管理也是一种管理方式，绝不是弃置不理，放任自流，让下属"自生自灭"。

身为上司，怎样有效地运用自我管理的方式管理下属呢？

第一，以成果为导向。

某知名"世界500强"企业对员工从不考勤，从不监督员工工作过程。员工只要在规定的时间内完成任务，就可以带薪休假。这是一种典型的以成果为导向的管理方式。

既然知识型员工的工作过程无法监督，那就索性采取完全信任的态度。上司干脆不予监督，不问过程，只问结果。只要结果有效，过程当然也就可以忽略。

假如结果的好坏与下属的收益毫不相干，那就不要指望能够收获好的结果。上司必须合理地设计下属的工作成果与薪资之间的关联，使结果的好坏与薪资的多少息息相关。

第二，设定里程碑。

对于特别重大的任务，为了确保最终抵达成果，上司可以设定阶段性的成果。例如，任务是在一年的时间内开设 5 家分店，那么，每开设一家分店可以被设定为一个阶段性成果。阶段性成果犹如抵达最终成果之路上的里程碑，提示着前行的人们正一步步接近终点。只要确保下属逐个达成阶段性成果，就可以取得最终成果。

第三，以月为单位设定工作目标。

下属在每个月初（1～3 日）设定书面的工作目标，并当面向上司陈述。这样做不仅促使下属捋清每月的工作事项，而且也生成了月底考核成果的凭据，给予下属完成任务的压力。每月的工作目标不宜过多，1～5 个就可以了。

第四，与下属一起研讨策略。

仅仅设定工作目标还远远不够，很多时候，下属并不知道该如何完成目标。如果上司以为设定了目标，就可以坐等成果的到来，那未免太过简单了。毕竟，能力卓越的下属在组织中只占少数，绝大多数下属离开了上司的辅导和帮助，很难有所成就。因此，在设定目标之后，上司必须与下属一起，研讨实现目标的策略。

第五,关注重点事项的进度。

对于实现目标特别重要、特别关键、起着决定性作用的事项,需要以书面的形式罗列出来。上司应当对这些事项给予重点关注,定期过问它们的进展或完成情况。一旦发现重点事项未能按时、保质完成,应该立即寻找原因,并设法解决问题。

第六,随时随地保持沟通。

自我管理并不意味着上司对下属不管不问,相反,上司更应该与下属保持紧密的沟通,以便及时地了解任务的完成情况。前通用电器公司首席执行官杰克·韦尔奇认为,沟通应该随时随地进行,即便在饮水机旁,也可以就某项工作进行很好的沟通。

为了使下属无所拘束地自由表达观点,上司应该有意地营造轻松的沟通氛围。某知名上市公司在沟通的环境方面下足了工夫,他们专设了一个用于沟通的空间,里面的装饰和摆设尽显休闲,并且免费提供饮料,供员工随意畅饮。总之,在这样轻松的氛围中进行沟通,可以减少压力,促使大家更坦诚、开放地交流信息。虽然这家公司为此付出了一些费用,但是此举得到了更多的回报。

第四节　找对合适的授权人

上司究竟把便签交给谁，也就是说，上司把任务安排给哪一位负责人，这一点至关重要。很多上司选错了对象，落得个任务执行失败的结果，最终不得不自己承担责任，真是有苦说不出。

邹××愤怒而无奈地走出办公室，来到朝南的露台上，他长长地叹了一口气。外面阳光明媚，而他的内心却冷到了冰点。

他已经记不清这是第几次，他与下属就某项任务的执行情况进行深入的探讨。最后，他怀疑自己也许真的不善于选择任务的执行者，因为这一次，下属又告诉他："我真的不适合来做这件事！我竭尽全力，却一无所获。"

邹××的悲剧原因在于，他没有选对合适的授权对象，也就是没有为便签找对主人。

为便签找一位合适的主人,这是上司在分配任务时要慎重考虑的问题。

哪些任务可以授权

合理地授权是上司必备的技能。不授权,或者不擅长授权,上司背负的便签就没有合适的去处。为了清除越聚越多的便签,上司不得不加班加点,即便如此,也不可能完成全部任务。事实上,试图做完所有事,是无法办到的。有些事,完全不需要上司亲自去完成,因为有限的时间必须用来做重要的事。

身为上司,哪些任务可以授权给其他人做呢?

第一,与目标无关紧要的任务。

在职场中,有很多事与目标的实现无关紧要,却不得不做,比如,例行召开的会议、接待突然来访的客人、填写报销单、撰写工作汇报材料,等等。这些任务耗时耗力,却与成果关联不大,上司完全可以授权给其他人,让自己从这些繁琐却意义不大的事情中解放出来。

第二,下属比自己更擅长的任务。

所谓"术业有专攻",上司不可能样样精通,处处在行。很多事情,上司没有下属专业,下属可以做得比上司更好,完成得更出色,这类事情,上司就应该果断地授权给下属。

第三,流程和规范都清晰的例行性任务。

组织中的很多事情属于例行性任务,也就是每天或每周都会重复的事情,例如,核算工资、会务安排、向陌生客户推销产品、处理客户投诉,等。这些事情常常发生,组织已经积累了相当丰富的经验,并且将这些经验形成了标准化的流程和规范,下属按照这些文件的提示就可以较好地完成。此类任务,上司应该授权给下属。

第四,上司自己无法完成的事情。

有些事情,虽然相当重要,但是上司自己却做不了。例如,财务管理、客户资源信息系统的建立和维护、大客户服务、项目执行等,这些事情也许上司凭一己之力无法完成,就不得不授权给其他人来完成。

授权对象的选择大有讲究

刘经理下周一要应一家重要的客户邀请,出席某项目的开幕式,并且在开幕式上做重要的发言。

在这周二,他将下属吴××叫到办公室,详细地交代了发言的目的和内容,并且反复强调这次发言的重要性,然后他把制作PPT和撰写发言稿的任务安排给了吴××。

周四,吴××上交了结果,但刘经理看过后,觉得完全不符合自己的要求。于是他重新阐述了发言内容,要求吴××即刻修改。

周五下班前,上司询问修改结果,吴××说还没有完成。刘经理这下着急了,下周一就开幕了,时间紧迫,他再三嘱咐,令吴××务必在开幕式之前发邮件给他。

直到周一早上,刘经理才收到吴××的邮件,但打开仔细看过后,他绝望了,结果依然糟糕。

最后,在开幕式上,刘经理的发言平淡无味,草草收场。

刘经理没有把任务交给合适的人,也就是没有找对授权对象,最终导致任务失败。身为上司,为任务找对合适的人选,不仅保障了任务的顺利完成,也解放了自己。

哪些人才是合适的授权对象呢? 具体来说,合适的授权对象应该符合以下特征:

第一,擅长完成任务。

授权对象最好是行家里手,有充分的把握顺利地完成任务。身为上司,可以考察授权对象的专业、从业经验、成功与失败的案例。专业越对口、经验越丰富、成功案例越多,这样的对象就越合适。

第二,对任务感兴趣。

对任务不感兴趣,没有激情,从内心里不愿意接受任务的人,绝不是合适的授权对象。有时候,我们会发现,把任务交给一位被动的下属,还不如自己亲自去完成来得更方便、迅速。因为上司不得不花费相当多的时间和精力去督促被动的下属,而结果却往往差强人意。自己亲自完成,反而比授权给别人更快,付出的精力更少。为了避免这样的悲剧,上司最好把任务授权给对任务感兴趣的人,让他们积极主动地完成任务,遇到问题可以自己设法解决,这样才能达成解放自己的目的。

第三,有过成功经验。

作为上司,有时候真的很难判断授权对象是否真的可以完成任务,为了保险起见,上司最好把任务授权给那些有过成功经验的对象。具有成功经验的人,总比口口声声说自己"行"却拿不出证据的人要靠谱得多。上司在无法确认授权对象的真实能力之前,明智的做法是将任务交给有过成功经验的对象。

第四,具有相关资源。

如果不具备相关资源,那么,完成任务就没有保障。为了使任务较顺利地完成,上司最好选用具有相关资源的人。具体来说,这些资源包括与完成任务关联紧密的人脉、技术、设备、人力等。

只允许下属给你做选择题

很多时候,上司把任务授权给下属,让下属为自己代劳,可是,下属们常常敲开上司办公室的门,来到上司面前,无辜而恳切地问道:"领导,这件事应该怎么做?"或者这样问道:"领导,这件事我已经那样做了,但是不行,您看怎么办?"这时候,绝大多数上司会回答:"哦,让我想一想。"

其实,这时候,下属已经将上司授权给他们的任务悄悄还给上司了。因为上司不得不花费时间和精力来回答下属的问题,而且,他们还不得不额外花费时间与下属沟通,督促和检查他们的行为,并且不得不忍受各种执行不到位的糟糕情况,这样还不如"自己动手,丰衣足食"。

为了杜绝下属偷偷把任务还给上司的情况,上司可以在下属提问之后,反问他们一句:"你觉得应该怎么办?"让下属自己来思考解决问题的办法,这样才能百分之百地为任务负责。上司可以这样对下属说:"请你自己思考解决方法,方法越多越好,然后我再来决定用哪一种方法,请让我做选择题。"

思考解决方法,这是身为下属的职责所在,如果任何困难都试图让上司来解决,那么,下属存在的价值是什么?上司需要的是主动解决问题、百分之百承担任务、完全为便签负责、拿成果复命的"价值型员工",而不是一旦遭遇问题就请教上司的"问题型员工"。

第三章
甩掉来自上司的便签贴

第一节　若干种便签的应对之道

　　方××毕业之后,应聘来到一家民营小公司做文案专员。该公司连方××在内总共5位员工,由于人少事多,方××常常接到职位之外的工作。渐渐地,他发现自己用在行政事务上的时间比做文案所用的时间更多。

　　行政事务绝大多数都是老板直接交代的,他不得不优先完成,这就导致很多方案无法及时处理,令销售部的同事们大为不满。月末考评的时候,他们给方××打的分数很低。方××面临着两难的选择——是优先完成老板交代的任务,还是优先完成本职工作?

　　身为下属,常常有"身不由己"的感触,尤其是来自上司的便签,似乎是不得不照单全收。尽职尽责,处理好自己的便签,这是作为下属的本分。而适当地为上司分忧解难,帮助上司处理一些便签,不仅能够博得上司的欢心,而且可以锻炼和提升自己的能力。

可是,如果毫无原则地接受来自上司的便签,下属就会沦为可怜的"便签人",即便付出努力,也未必就能获得上司的认可和赏识。有时甚至因为便签过多而延误了重要事项,或者因为时间仓促而导致某些事情处理不当,这都会降低自己在上司心中的分数。

在职场中,做得多从来都不代表有功劳,做得好、做得对、做得有价值才会令上司满意。事实上,那些无法为组织提供更多价值的成员才需要通过多做来证明自己的价值。

那么下属应该怎样应对来自上司的便签贴?以下将为您阐述几种来自上司的特殊便签及各自的应对方法。

看上去不可能完成的便签

在上司交给下属的便签中,有一些便签是让下属觉得难以完成的。这些便签可能超出了下属的能力范围,可能超出了资源的投入预算,也可能是完成的期限过于紧迫,很难在要求的时间内完成。总之,这些任务犹如高高悬挂在枝头的果实,不采用特殊的方法,是不可能伸手够到的。那么,下属应该怎样应对此类便签呢?

如果草率地告诉上司:"这个任务我做不到。"结果只能是让上司对你感到失望，认为你是一个无法担当大任之人，以后有什么机会也就不会想到你了，而且，上司甚至会怀疑你的工作热情，认为你是一个偷懒的员工。

对于下属自身来说，直接拒绝上司的便签，可能失去了一次锻炼自身能力的机会。要想在职场中有所成就，就必须不断学习新的能力，掌握新的技能，而持续做自己擅长的事情，就会失去进步的机会。

然而，轻率地接受难以完成的便签，却无法提供成果，结果只会更糟，很可能给组织带来不可挽回的损失，而且会让上司失去对你的信任。

正确的做法是，在接受便签的同时，请上司与自己一起，探讨完成任务的策略，制订详细的可行性计划，并且争取相应的资源支持。例如：调用组织的其他人员来协助完成任务，争取让完成任务的时间更宽裕一些，让上司给予人脉、资金上的支持，赋予你更大的权限，等等。

这样做的好处是，在与上司一起研讨策略、制订计划的时候，让上司充分认识到执行任务的困难，这样，他们就会对成果的期待有所下降，同时也会理解你的不易，而且，他们也会自觉地给予你相应的资源支持，这对完成任务无疑有非常大的帮助。

任务很满时插进来的便签

有时候，下属的任务清单上已经排得满满当当了，完成的时间非常紧迫,没有空闲时间再来接受额外的便签。但是,来自上司的便签依然毫无理由地降临。这时,下属该怎么办?

很显然,直接对上司说"我太忙了,您另请高人吧",是不明智的,这样的说辞只会让上司认为你是故意拒绝任务。

你最好这样说:"上司,加上你现在布置的任务,我今天一共需要完成5项任务,它们分别是……您看,我最好先完成哪一项?哪些事项是可以延后到明天的? 因为,我今天恐怕来不及把这些任务都解决掉。"

你或许看出来了,为了让上司看到你确实"很忙",你应该详细地罗列出需要完成的具体事项,以及每个事项的截止时间,在说完这些之后,再请上司为你重新安排完成任务的先后顺序。记住,你说这些话的时候,语气自始至终都要诚恳而和缓。

这样做的结果就是,要么上司自觉地把便签安排给其他人,要么给予你更多的完成时间,因为上司们自己也意识到了你的任务"真的很多耶"!

职责之外的便签

上面的案例中,方××被上司安排做很多职责之外的事,绝大多数在职者都曾有过与方××相类似的遭遇,他们被贴了很多本职工作之外的便签,因为是上司的安排,所以很难拒绝。但是,这些便签又与自己的薪资不挂钩,而且,这些便签可能会占用本

接受"看上去难以完成的便签"时，需向上司争取更多的资源支持

职工作的时间,导致本职工作受到影响。那么,下属应该怎样对待这些便签呢?

如果职责之外的便签,只是偶尔一两个,并且不会占用太多的时间和精力,那么,请二话不说地接受吧,人在职场,为上司清除一两个便签,会让上司记得你的"好",何乐而不为?

如果职责之外的便签变成了长期的、例行的,而且出现的次数相当频繁,耗用的时间和精力都相当大,那么,你就不应当悄无声息地一律接受了。耽误了本职工作,不仅自己的工作绩效受到影响,而且也会令与你合作的同事感到不满意。

正确的做法是请上司重新调整你的岗位、工作内容以及考核标准。你最好把自己的主要工作罗列出来,并标注出每天花费在这些事项上的时间,然后请上司做出选择,重新确定你的工作内容。

工作之外的便签

身为上司的吴经理没有驾照,所以他的助理孟××的重要工作内容之一就是为他开车。吴经理外出办事,孟××都要为他代驾。令孟××感到不满的是,这位吴经理经常利用公车办私事,比如,去银行转笔账,去建材市场买个抽水马桶,送儿子去打预防针,甚至有时候还

大声说"喂……喂……"，然后从容地挂断电话

要去超市买点菜,等等。孟××对此非常反感,但因为吴经理是自己上司,不敢得罪,只好默默地忍受。

有些上司把工作之外的便签交给下属,占用下属的时间,如果这类便签像家常便饭一样寻常,下属就应该勇敢地拒绝。

当然,拒绝上司需要巧妙地运用一些技巧。

第一,先表示乐意效劳,再用肯定的语气说"不行",然后陈述理由。

你可以这样说:"我真的很想能和您一起去,我觉得去做那件事会很有意义,但是这一次不行,真是遗憾,因为……"至于理由,就可以随意发挥了,只要合情合理都可以。

第二,用事实证明自己根本不可能完成任务。

你可以这样说:"我非常希望帮助到您,可是这件事我实在很不擅长,就在上个月,我……结果就是这么糟糕,我不能再让您受到损失了。"

第三,巧妙地挂断电话后再用短信拒绝。

如果你接到上司的电话,并且接到一个工作之外的便签,你可以大声说:"喂……您能听到吗……喂……听到吗……"然后从容地挂断电话。紧接着,你可以回复一条短信:"也许是信号不好,我一直听不到您的声音,您要是有事,直接发短信吧。"电话那头的人也就识趣地收起便签了。

第二节　怎么办:便签来自上司的上司

上司的上司,可能是组织的最高管理者,他们的权限比直接上司更大,绝大多数情况下,你与他们的接触不会太多,他们也不会直接把便签交给你,但万事都有特殊。在特殊情况下,他们也会直接把便签交给"下属的下属"。

胡××的直接上司周经理去外地出差三天,出差期间,公司总经理张总找到胡××,要求她为自己制作一份方案书。胡××欣然接受了,她特别擅长方案书的制作,所以在短短两天之内就做好了方案书,张总看后,觉得非常满意。

周经理出差回来后,在例行会议上,张总点名郑重地表扬了胡××。周经理完全不知情,觉得很意外。事后,周经理找来胡××,不阴不阳地对她说:"小胡,不错啊,张总点名表扬你了,你很能博得老大的欢心啊……"

胡××听了这话，浑身冒冷汗，尴尬得一句话也说不上来。从此之后，胡××感觉周经理对待自己的态度发生了变化，有种说不上来的冷淡。

对于上司的上司交给你的便签，应当妥善对待，一旦处理不当，就会像胡××一样，将自己置于尴尬的境地。那么，究竟怎样对待这种便签才是妥当的呢？

如果只是举手之劳，立刻完成吧

如果只是举手之劳，不需要调用太多的资源，不需要花费过多的时间和精力，那么，立刻完成吧。以"迅雷不及掩耳"的速度解决掉便签，然后拿着成果复命。在整个过程中，都要表现得谦虚、低调、甘于奉献，这会使你在上司的上司心中增加很多分数。

特别需要注意的是，无论多么微不足道的小便签，你最好都要让直接上司知晓。上面的案例中，胡××之所以落入尴尬的境地，是因为她没有设法让直接上司周经理知晓，以至于给周经理造成她想偷偷讨好张总的印象。在职场中，下属越级讨好"上司的上司"，这是很大的忌讳，任何一位直接上司都极不希望这样的事情发生。身为下属，触犯这个禁忌，当然会遭到上司的冷落甚至排挤。

为了让直接上司知晓，下属最好在直接上司在场的情况下与

"上司的上司"交接便签。如果直接上司无法在场,那么,下属可以用电子邮件的方式确认任务,并且将所有邮件抄送给直接上司;或者在每日上交给直接上司的"日清表"中明确体现出来;又或者干脆向直接上司当面汇报。总之,让直接上司知晓,就会消除他(她)的所有顾虑,而且,也让上司知道你在做什么。

请直接上司交接便签

如果清除便签要投入相当多的资源、时间和精力,那么,你最好不要直接接受便签,因为如果要完成这类便签,很可能会上升为团队的行为。也就是说,这类便签你已经难以独立完成了,而必须与团队中的其他成员协作共同完成。这样的任务必须由直接上司来接受,因为直接上司才是团队的"领导",接受便签之后,也只有直接上司能够动用整个团队的力量来完成任务。

当你遭遇这类便签的时候,你可以坦诚地对"上司的上司"说:"我想,这个任务以我个人的力量恐怕难以完成,为了确保任务的完成,最好的方式是由我们的团队一起完成,要不,我请王经理(直接上司)来一起探讨下吧!"这样,你就可以很自然地找来直接上司,由直接上司与"上司的上司"交接便签了。

如果直接上司不在场,而"上司的上司"又要求你立即做出承诺,那该怎么办? 那就先答应吧。然后,在走出"上司的上司"的

办公室之后,立刻拨打电话给直接上司,如实汇报情况,请示直接
上司的意见。

做到位才能上位

对于"上司的上司"交给你的任务,无论大小,都是上位的好
机会。任务完成得出色,对于今后的职业发展会相当得益。在职
场中,权位越高的管理者知道你的能力,你就越容易得到提拔和
重用,因为他们在用得上人的时候,很自然地就会想到你。所以
说,利用好这种难得的机会,用给力的成果展现你的能力,是聪明
的职场人应该做到的。

那么,怎样才能做到位呢?

第一,必须彻底理解"上司的上司"期望的成果。

很多时候,管理者交代任务时未必能够明确自己期望的成
果,身为下属,必须有意识地引导他们细致、准确地描述成果。只
有这样,下属才会知道他们真正想得到的是什么,然后才能有针
对性地提供成果。

如果一开始就不清楚管理者们的真正意图,就很可能白费力
气。所以,在接受便签的时候,请有意识地引导"上司的上司"详
细描述成果,成果的描述最好用可量化的数字来表示。当"上司
的上司"描述成果之后,你可以用自己的话陈述一遍,请他(她)确
认。如果是特别重要的任务,最好生成书面文件,并请"上司的上

司"签字确认。

有时候,我们对管理者说的话"似懂非懂",没有完全理解他们所表达的意思,可又因为担心被耻笑,就假装听懂了,最后只能臆测管理者的意图。这样的情况应该极力避免,在与管理者沟通成果的时候,哪怕请他们重复三遍以上也是值得的,总比会错意付出无用之功要好得多。而且,管理者们也不会耻笑你,反而会觉得你办事足够认真。他们会更信任你。

第二,在开展行动之前先提出问题,并积极贡献建设性的意见。

要完成任务,必然会遭遇到各种各样的问题。这些问题都应该在行动之前提出来,与"上司的上司"一起商讨解决方法。如果在行动开展之后,因为遭遇问题而使得行动停滞不前,领导只会质疑你的执行能力。因此,别做"马后炮",而应当在行动之前尽可能全面地提出问题。

在思考解决方法的时候,你也应当积极地贡献智慧,不要担心自己的想法幼稚、不可行,或者以为"领导肯定比自己聪明,我所能想到的他们一定早也想到了"。事实上,你根本不用担心这些,一方面,领导没有你想象得那么神通广大,另一方面,领导也不会因为你的建议没用而看低你。

在任何时候,领导都偏爱积极参与思考解决方法的下属。沉默或者一味附庸领导,而不贡献建设性的意见,是无法获得领导青睐的。

第三,汇报困难时带上自己思考的答案。

很多下属一旦遭遇困难就跑到领导办公室,向他们请示做法,这样做只会让领导质疑你解决问题的能力,认为你是一个无法自主解决问题的员工。汇报问题的目的不是请上司解决问题,而是将你思考的解决方法汇报给领导,请他们作出决策。

当然,在你说出解决方法之后,领导也许会有自己的做法。无论如何,向领导汇报困难的时候,都要带上你所思考的解决方法。

第四,主动、及时地汇报进展情况,不要等到领导问起的时候再汇报。

一般来说,管理者们偏爱积极、主动的下属。任务的进展情况必须及时向领导汇报,等到领导问你的时候再汇报已经晚了,在领导心中,你的分数已经有所降低了。你大可不必每天当面向领导汇报任务的完成情况,只需要及时地将关键性或阶段性的成果向领导汇报就好了,而且,汇报的方式可以是发电子邮件或者短信。

第五,最重要的一点,那就是拿出最终的成果。

这是证明自身价值的根本方式,无法提供成果,在领导看来,你的所有行为都是没有价值的。成果必须是彻底解决问题的,百分之百完成任务的,没有超越规定的完成期限,没有超越资源的投入预算。

　　要想上位，就需要拿出足以让领导"震撼"的成果。所谓"震撼"，就是超出领导的预期，超额地完成任务。百分之百地实现目标，达成成果，会让领导"满意"，如果百分之二百地完成任务，那就会令领导"震撼"。要创造令领导"震撼"的成果，就得在完成本职工作之外，提供更多的附加价值。

第三节　怎么办:便签来自其他部门的上司

　　肖××是企划部的网络专员,他性格开朗,好说话。企划部与公司其他部门的协作事项很多,由于没有明确的规定,其他部门的上司有事就直接找到肖××,然后把便签安排给他。因此,肖××背负的便签越来越多,而且每一项任务都要求他快速完成。肖××感到非常为难,无论先完成哪一项任务,都会得罪其他部门的上司,自己始终在做吃力不讨好的事情。

　　令肖××感到非常郁闷的是,很多时候,上司竟然完全不知道他在做什么,还以为他无事可做,月末的考核分也打得很低。

　　现实中像肖××这样的在职者还真是不少,他们常常收到来自其他部门上司的便签,尤其是专门为组织内容提供服务的岗位和部门,比如:行政、人力资源、财务、IT 部门等。如果缺乏明确的交接任务的规定和制度,那么,随意贴便签的情况就会泛滥。

便签来自其他部门的上司,我们应该怎样正确地对待呢?

即便时间充裕,也要说:"我需要请示领导。"

身为下属,首先要对自己的直接上司负责。这是组织构架的基本原则,因为直接上司对我们有领导权,而且,直接上司对我们的评价和打分,决定了我们的薪资和职业生涯的发展。从理论上讲,下属的所有行为必须由直接上司安排,或征求直接上司的同意。因此,其他部门的上司不可以直接向非自己部门的下属安排任何工作,而必须通过跨部门的沟通来实现。

在上文所述的案例中,其他部门的上司如果有任务需要肖××来完成,应该先与企划部经理,也就是肖××的直接上司沟通,征求同意后,由企划部经理将任务布置给肖××。

如果其他部门的上司不遵守这个规则,越过你的直接上司,把便签安排给你。这时,即便你完全有时间来清除便签,也不要自己接受便签,而需要提醒其他部门的上司,请他们与你的直接上司沟通。你可以这样说:"我非常愿意为您做这件事,能为您这个非常棒的项目贡献力量,真是再好不过了。不过还是得请您跟我的上司打声招呼,他就在隔壁。"

为了让直接上司知道我们的工作内容及成果，我们应该巧妙地利用电子邮件的"抄送"功能，凡是与其他部门的上司沟通及成果交接的电子邮件，请抄送一份给直接上司。这样做，既让上司知道你"没闲着"，而且上司可能会考虑把这些内容作为你工作考核的依据。

如何避免"为他人作嫁衣"

市场部周经理谈妥了一笔大订单，之后，他找到 G 事业部的负责人章经理，请他协助自己执行该订单。在执行过程中，周经理除了牵线搭桥的沟通作用外，没有再贡献其他的价值。然而，订单执行完毕后，周经理将所有的功劳都揽在了自己的身上，他也因此不仅获得了巨额的奖金，而且还在公司全员大会上得到总经理的表扬。而对于章经理和 G 事业部在这个项目中的贡献却只字未提，更没有奖励他们一分钱。章经理虽然觉得万分憋屈，却无处申诉。

在职场中，这种"为他人作嫁衣"的情况经常发生，尤其是在跨部门合作中，稍有不慎，就会发生。跨部门合作时，主导部门的负责人如果没有公平心，而是一味地邀功揽绩，就会有意抹灭其他部门的功绩。

为了避免"为他人作嫁衣"的悲剧,我们在对待来自其他部门的上司的便签时,应该注意什么?

第一,尽量在最高管理者在场的情况下接受便签。

重要的跨部门协作尽量不要在最高管理者不知情的情况下进行。一般来说,重要的非例行的跨部门协作,都会由最高管理者作为牵头人,在他(她)的协调下进行。在这种情况下,最高管理者对各部门所承担的责任和做出的贡献都比较清晰,"为他人作嫁衣"的悲剧也就少有发生。

一旦最高管理者不知情,就会给别有用心者可乘之机。身为下属,最好提醒直接上司注意这一点。如果因为特殊原因,最高管理者无法在场,那么,也应当及时通过其他方式告知。

第二,制订一张跨部门协同表,明确任务及负责人。

跨部门协作时,在确定了各部门的任务及相关负责人之后,可以生成一张"跨部门协同表"。该表最好由跨部门协同的牵头人或主导部门的负责人制订,然后交给各部门负责人签字确认。"跨部门协同表"示例如下:

跨部门协同表

事项(任务)	部门	部门负责人	相关责任人	成果描述	完成期限	备注

第三,在完成任务之前先确定收益的分配方式及比例。

跨部门协同大多会牵涉利益分配,分配得不合理往往会造成部门之间的矛盾,影响非常恶劣。很多部门在执行任务的过程中非常被动,毫无激情,也是因为收益的分配情况没有明确或分配不合理等原因造成的。不知道完成任务将得到的好处,行动当然就缺乏动力。

在开展具体行动之前先确定收益的分配情况,这一点不可忽视。收益的分配情况主要根据各部门所贡献的价值来确定，当然，所有的部门都会坚定地认为自身贡献的价值最大，所以，最终必须由最高管理者来确定。不满意者可以单独向最高管理者私下沟通，不要在公开场合过多地讨论。

第四，由各部门负责人向最高管理者汇报任务的完成情况及相关成果。

对于重要的任务，各协同部门的负责人应当定期向总负责人汇报任务的完成情况和相关成果。这样做既可以让总负责人及时了解进展情况，又可以让他（她）清楚各部门所做出的贡献。

第五，让协同的全过程公开、透明。

让跨部门协作的过程公开、透明，是避免"为他人作嫁衣"的好方法，让所有人都看到各部门所做的贡献，当然也就不可能转嫁便签和随意邀功了。具体来说，你可以利用公司的看板或公告栏，将各部门承担的任务、取得的成果以书面文件的形式张贴在其中，公之于众；或者利用公司网络论坛，通过发帖在论坛中公示。

第四节　摆脱"打杂"的命运

在职场中,有很多人难以摆脱"打杂"的命运——他们事事听命于上司,完全不能决定自己要做的事情;他们无法为组织创造更多的价值,只是做着诸如传真、收发快件、整理档案之类的杂事;他们很容易被取代,常常无缘无故被安排到其他的岗位上;他们很少被人提起,中层以上的管理者甚至都不知道他们的名字;最重要的是,他们的收入少得可怜,薪资的提升空间基本为零!他们,在职场中充当着"打杂"的角色,大家纷纷把无关紧要的便签丢给他们。为了清除这些便签,他们忙忙碌碌,一刻也不停歇,但价值微薄,收益寥寥。

谁也不想在职场中沦为"打杂"的角色,那么,如何摆脱这种悲催的命运呢?

不可替代才有拒绝的底气

要摆脱"打杂"的命运,首先应当拒绝无关紧要的便签,也就

练成"降龙十八掌"这样的绝世武功，你才会拥有不可替代的地位

是那些价值不大的"杂事"。不过,要拒绝"杂事",必须建立自己的核心竞争力。

所谓"核心竞争力",是指其他人无法轻易具备的能力。有些能力,可能培训一个月或者几天,就可以完全掌握,这种能力就算不上核心竞争力。有些能力却需要相当长的时间积累才能培养起来,而且,这个培养周期根据每个人的禀赋不同,差别可能很大。即便是在能力养成后,不同的人来做,结果可能也大相径庭。例如,广告设计,有人的作品让人震惊,超乎人们的想象;而有人的作品却差强人意。这样"让人震惊的能力"就可以称为"核心竞争力"。

培养了自己的核心竞争力,就相当于练成了"降龙十八掌"这样的绝世武功,在职场的江湖中才会拥有不可替代的地位。因为你的核心竞争力是组织其他成员未曾具备的,与你的绝世武功比起来,其他人的"花拳绣腿"根本就不堪一击。你一旦离开了组织,他们的工作将受到很大的影响。有时候,你的离开甚至会让组织无法正常运转,到了这种程度,你就是不可替代的了。组织必然会像珍惜国宝一样珍惜你。

一旦拥有了不可替代的地位,你就有了拒绝"杂事"的底气,让那些无关紧要的便签远离你,你可以集中时间和精力去处理真正重要的、可以产出最大价值的事情。你这样做之后,就可以为组织创造更多的成果,进而巩固你的核心地位。这是一个良性循环的过程。

为了练成"降龙十八掌"这样的核心竞争力，你需要做到以下几点：

第一，在同一领域不断积累资源。

有些职场人频繁地在不同的行业、公司和职位之间辗转，虽然接触到很多新鲜的讯息，但都是浅尝辄止，没有形成特别有竞争力的能力。所谓"样样通不如一门精"，"样样通"当然是好事，但没有"一门精"，缺少一项最具竞争力的技能，就无法形成不可替代的地位。

为了建立核心竞争力，你需要在某一领域沉淀下来，深耕相当长的时间（数年乃至数十年）。也就是说，你需要选定某一个领域，不再频繁地更换行业和岗位，用心在某一领域积累十年以上的时间，你基本上就是这行的专家了。

第二，持续地投资自己。

最有效的投资就是投资自己，而不是其他任何别的东西。自己永远是自己的，谁也拿不走、偷不去。很多人投资房子、古董、股票、基金……期望这些投资升值，为自己带来更多的收益，他们唯独不投资自己。聪明的人投资自己，提升自己的能力，然后发挥这些能力赚更多的钱，这样得来的收益要多得多。对自己的投资有很多种，其中，对于"知识"和"健康"的投资最为重要，只有具备了强健的体魄和丰富的知识，才能形成核心竞争力。

第三,阅读最新出版的专业书籍。

为了获取最新的资讯,了解最前沿的专业知识,你需要关注最新出版的书籍。一般来说,书是较为成熟的知识载体,读书是获得知识的重要途径,而且,也相当实惠哦!

第四,设法向高人学习,借鉴他们的成功经验。

模仿高人的做法,这是一条迅速提升自我能力的捷径。有人觉得模仿他人是不光彩的行为,事实上,没有人天生就是"高人",大家都是从模仿做起的,通过模仿汇集众人之长,然后幻化为自己的"独门绝技"——高手就是这样炼成的。

用成果证明你的价值

摆脱"打杂"的命运,就必须为组织提供有价值的结果。很多可怜的"便签人"正是由于无法提供成果,才不得不做更多的事来证明存在的价值。如果能够为组织提供成果,并且创造更多的价值,就不用再拼命接受无关紧要的便签了。说到底,组织看重的是成果,而不是事情做得多与少。

公司的目的并不是给员工海量的工作,而是提高销售和利润。因此,业绩好的人就会很有信心拒绝不必要的工作请求;业绩不好的人,就只有通过增加工作量来体现自己为组织所做的贡献。

上司常常分配给下属超额的工作,他们并不是打算让下属百分之百地完成,也就是说,上司一般分配给下属 130% 的任务,而下属完成 100% 就足够了。这种时候,下属也需要通过提高业绩,来增强回绝 130% 工作量的底气。

你在公司可以领到那份薪水,是因为你给公司贡献了某种价值,你事业上的回报乃至生活的品质,都取决于你贡献价值的能力。因此,要想在回绝不必要的事情时底气十足,就必须增强这种能力。

仔细思考这个问题:"在你做的所有事情中,哪一项为公司贡献了最大的价值?"这个问题的答案就是你的核心价值贡献。巩固和加强做这件事情所需要的知识、素质和能力,只要在核心价值贡献上做出高人一等的成绩,你就有胆量对不该来的工作说"不"!

那么,怎样做才能取得成果?

第一,任何行动都必须以成果为导向。

每个人每天只拥有 24 小时,用于工作的时间也才区区 8 小时,而事情似乎多得做不完。可是,并不是每件事都值得去做,值得亲自去完成。有时候,我们花费了很多时间和精力去完成一件原本不需要做的事情,结果浪费了宝贵的资源却毫无收获。所以,任何行动都必须指向成果。

在你决定做某件事之前,应该问自己这样的问题:"这件事非做不可吗?这件事与成果有关吗?这件事将为成果的达成提供哪些帮助?"当你慎重思考完这些问题,并且觉得要做的事情与成果息息相关,那就立即去做吧!

第二,持续地付出行动,直到取得成果为止。

有一个故事:一位农夫早晨起来,决定去地里收获玉米,但走到田埂上,想到家里的猪还没喂,于是他转身回家;还没走到家,他又想到家里没有烧火的柴火了,于是他又折身上山打柴;走到山脚下,他又想到妻子让他去买盐的事,于是他又转身走向集市;可是,走到半路,他又想到……这位农夫就这样反复折腾,一天很快就过去了,他却一件事也没有做成。

这个故事虽然很夸张,但却告诉我们一个道理:如果每件事都无法做到最后,结果将是一事无成。为了避免像农夫那样无法成事,我们最好在完成一个任务之后,再开展下一个任务,也就是"一时一事"。

第三,及时修正行动的轨迹。

很多时候,即便我们制订了详细的计划,在执行的过程中,行动也会偏离计划,不再指向成果。这时候,及时地发现并进行修正计划是非常重要的。很多事,我们做着做着就发现变味了,此时,不妨停下前进的脚步,回想一下做这件事的初衷,也就是当初决定做这些事情的目的是什么,希望达成的成果是什么。

第四,检验成果是否与目标一致。

如果总是不按照自己的计划行事，就会成为任人摆布的棋子

任务执行完毕之后，我们需要将结果与目标比对，具体来说，就是检查结果是否符合目标所设定的质量标准、数量标准、完成期限、资源预算等。只有当这些指标都符合的时候，结果才是有价值的。

第五，通过总结与反省不断提升达成成果的能力。

总结经验、反省教训，这是提升能力的重要途径。人们常说"实践出真知"，可是，如果没有总结和反省，实践就犹如在迷雾中前行，根本寻觅不到"真知"。

总结和反省虽然重要，但做起来却很难，很多人在"脑海中"进行总结和反省，其实，这样丝毫没有作用。如果不形成文字，记录到纸上，你所得到的"真知"就如过眼云烟，转瞬即逝。你最好准备一个单独的笔记本，或者以电子文档的形式，将总结和反省所得到的经验、教训记录下来，在空闲的时候常常温故，慢慢铭记于心，才会对下一次的行动有所借鉴和助益。

不想沦为棋子，就自己设定目标

很多时候，我们之所以不得不被动地接受和处理来自上司的便签，是因为我们自己根本就没有主动地制订目标。上司更希望下属紧密围绕着组织的目标，主动地制订行动计划，自觉开展行动，最终提供成果——如果所有的下属都这样自动自发地工作，那上司真的可以"高枕无忧"了。

　　作为下属，要摆脱"打杂"的命运，就要自己设定目标，制定计划，自觉地开展行动。如果总是不按照自己的计划行事，就会成为任人摆布的棋子。

　　那么，下属应该怎样设定目标开展工作呢？

　　第一，个人目标必须紧密围绕组织的目标。

　　你的个人目标需要与组织目标相关联，个人目标的实现对组织目标的实现有所帮助，只有这样，上司才会认可你的目标，才能让你自己决定自己的行动，并且上司会给予资源上的支持。如果你的目标与组织目标毫无关联，上司很可能不会放手让你自顾自地忙乎！

　　第二，目标应当包含策略、行动计划和完成时间。

　　很多人制订目标，只是简单地说"拜访五家客户"、"研发二门课程"、"招聘新员工"……这样的目标不够具体和明确，所以很难令上司放心。完整的目标必须包括策略、行动计划和完成时间。

　　以"招聘新员工"为例，为了使目标设定完整，你需要问一些问题："我怎样才能招聘到新员工？""为了招聘新员工，在未来一段时间内我应该采取哪些具体的行动？""我在多少时间内完成这个任务？"

　　以下是一份人力资源专员的个人目标示例，供参考。

个人工作目标设定示例 1

目标

提升人力资本效率 2%

策略

1. 深入推进绩效管理项目

2. 与各项目负责人确定年度销售目标分解计划

3. 编制公司整体直接人力成本,报公司通过

4. 与各部门负责人共同对经营成本、人力成本的控制标准达成共识

5. 加强公司各部门负责人人力资源管理理念

工作计划

1. 4 月 2 日结合公司人力资源部现状,分享人事服务工作量

2. 4 月 7 日前与财务部完成公司年度经营预算的编制,制定每项预算金额的支出标准与控制标准

3. 4 月 20 日之前提交公司整体绩效考核制度设计,正式定稿于 5 月中旬发布

4. 4 月份继续"卓越绩效"项目导入,牵头各部门完成 KPI(关键绩效指标法)指标定义,明确必保目标和挑战目标

5. 在 3 月份工作基础上,继续完善公司 4 月份工作总结与 5 月工作计划

个人工作目标设定示例 2

目标

培训计划达成率 90% 以上

策略

1. 确定基层员工必修课程和必读书籍，汇总形成人手一份的年度学习计划表
2. 建立知识库
3. 4 月份营销中心计划表制订并实施
4. 管理层年度培训计划表制订并实施
5. 组织第一期新人培训
6. 《员工手册》(新)制作讲解视频，并安排学习
7. 读书计划实施

工作计划

1. 4 月 15 日前与各部门经理沟通各部门培训需求调查
2. 4 月 15 日前完成年度学习计划表
3. 4 月 15 日前利用学习平台，对所有人员进行在线学习课程授课，并规定学习时间
4. 4 月份完成 10 个电话录音的上传和 10 道培训专业类问题的上传
5. 4 月 10 日前完成营销中心 4 月份培训计划的制定
6. 培训实施协助
7. 4 月底组织营销中心考试一次
8. 4 月 23 日前完成管理人员 MAP(评鉴工具)培训与测试
9. 4 月 23 日前完成管理层年度培训计划表的制定
10. 4 月 16 日前完成中层第二期读书分享会
11. 4 月 30 日前协助各部门基层进行第一期读书会活动
12. 组织试用期员工进行公司制度的学习

目标

减少人事服务投诉次数

策略

1. 提升人事部服务素质

2. 梳理人力资源部内部工作接转流程

3. 做好人事调动、转正、晋升、工资异动调控工作

工作计划

1. 4月底完成信息专员服务手册

2. 完成人力资源部入离职流程规范,并在工作中实行实时培训,尤其是招聘技巧与培训课程研发等

3. 4月份工资表7日之前提供给财务部,保证10日准时下发

4. 对咨询内训中心和业务部门的薪酬定级制度进行汇总,做成公司现有工资体系的补充部分

第三,每天向上司提交"日清表"。

每天把自己所做的具体事项、花费时间及完成情况写成书面文件——"日清表",自觉地通过电子邮件的方式发送给上司。上司通过阅读你的"日清表",就可以清清楚楚地了解你一天的工作安排。这样,上司自然对你充分地信任,不用想方设法给你安排任务了。

日清表示例

姓名		部门		岗位		日期	

	序号	本日计划事项	花费时间	完成情况
本日计划	1			
	2			
	3			
	4			
	5			
	6			
	7			
本日临时事项	1			
	2			
	3			
	4			
	5			

工作感悟	

	序号	明日计划事项	月计划	日常工作	上级指令	横向需求
明日工作计划	1					
	2					
	3					
	4					
	5					

需要协调的事项(注明请求协调人)	

第四章
甩掉来自同级的便签贴

第一节　想说"不"谈何容易

伍××是人力资源部唯一的男同志,也是唯一会开车的人。平时,部门里的重体力活都落到他头上,他也心甘情愿地认了,"谁让咱是男同志呐!"令伍××难以忍受的是,同事们外出办事,都让伍××充当驾驶员,常常一去就是几小时甚至半天。这严重耽误了他的本职工作。有好几次,伍××的工作没有及时完成,领导怪罪,他辩解道:"我给同事们开车了。"领导听了伍××的辩解,虽然没说话,但他从领导的眼睛里读出了很多的不满意。伍××心里感到非常憋屈。

这一天,伍××正在忙着安排新员工培训的流程,同事顾××又来到他座位旁,说道:"小伍,帮帮忙,你开车,载我去社保局吧,去办个事。"

伍××说:"我正忙呐!"

顾××发嗲地说道:"小伍哥,帮帮忙嘛,就去一下下啦!"

伍××的培训流程领导等着要,根本耽误不得,他说:"真的不行,我这边领导正等着呐!"

顾××生气地跺了一下脚,说:"你真行,不帮忙就算了,还要找借口!"说完转身就走了。

伍××看着顾××的背影,他不禁感慨道:"简单的一个'不'字,想说出口真不容易!"

为什么你害怕说"不"

在生活和工作中,一个简单的"不"字,却难倒了很多人。为什么很多时候,我们宁愿接受别人的便签,花费时间和精力帮助别人完成任务,也不开口说一个"不"字呢? 一般来说,我们害怕说"不"的原因有以下几种:

第一,担心别人也会对自己说"不"。伍××之所以感到很难拒绝同事的请求,是因为他担心自己以后也会被他们拒绝。自古就有"礼尚往来"的说法,如果不帮别人,别人也不太可能帮你,这是当我们试图说"不"的时候都会有的顾虑。

第二,害怕背负"受恩不回报"的恶名。很多人因为曾经"受惠"于他人,所以当他人提出请求的时候,即使力不从心,也不会拒绝,就怕会落下"受恩不回报"这个恶名。谁不害怕自己的"个人品牌"蒙受坏名声呢?

第三,以为说"不"就会损害彼此的关系。很多人认为拒绝别人就会破坏彼此间的友谊,所以为了维系和巩固友谊,他们不开口说"不"。

第四,把自己看得太重了。有人总觉得自己是必不可少的,有人总害怕自己成为多余的人,这两个极端都是因为把自己看得过重。他们在潜意识里很关注自己在他人心目中的地位和形象,竭尽全力在他人心中树立好的印象,因此,难于开口向他人说"不"。

第五,希望通过说"是"获得别人的爱戴。很多人难以开口拒绝别人的请求,是因为他们害怕因此被别人看低。他们以为,当自己接受了别人的请求之后,自然会赢得感激和爱戴。在他们的内心,始终存在着这样的担忧——一旦你拒绝别人,就会被周围人遗弃。

第六,希望通过说"是"换来利益。人类社会关系中存在着"互惠原理"——获得他人的好处,就会想方设法用更多的好处来弥补他人。有人希望通过帮助别人来赢得高额回报,他们当然不会说"不"。

如果持续不说"不"，结果会怎样

每个人都认为自己的时间是最重要的，大家拼命把能够推辞的工作统统拜托给别人去做。在分配任务的过程中，一定会出现讨价还价的情况。在任务总量既定的情况下，人们总是去争抢那些容易达成成果、看起来并不困难、花费时间少的工作。

如果对同事提出的请求一味应承下来，从不说"不"，结果就会沦为可怜的"便签人"，你的工作会日渐繁重，越来越多的时间和精力将遭到浪费。你总是迫不得已将别人的事情放在首位，牺牲自己来成全别人，"为他人作嫁衣"。

当然，在特殊的时间和场合下，我们不得不应承一些原本不属于自己的工作。但从不说"不"，只会沦为毫无原则的"滥好人"。人们慢慢会习惯性地把毫无价值的便签踢给你，而且，他们认为这样做天经地义，因为你在他们的心目中就是"打杂"的角色，他们不会对你心存感激的。你将很难有时间对自己进行投资，长此以往，自身价值会越来越贫乏，弄得自己身心疲惫，沦为一个除了"打杂"之外一无是处的人——这是何等可悲的事情啊！

在该拒绝的时候勇敢说"No"，这是你应该做的，你没有责任和义务为他人的便签负责，但你不得不对自己的便签负全部责任。

学会说 "No"

如果其他人把自己的分内工作往你身上推,请勇敢地说"不";如果别人习惯性地就日常小事找你帮忙,请对他们说"不";如果你正在从事重要工作,无法挤出时间帮助别人,请理直气壮地说"不";如果收到不必要的应酬邀请,请果断地说"不";如果有人对你早已制订好的计划提出新的要求,也请说"不"。

别指望自己八面玲珑

拒绝别人的便签,就要放弃获得"完美评价"的想法。许多在职者过分在乎"别人眼中的自己",希望赢得每个人的好评。他们之所以如此苛刻地要求自己尽善尽美,正是强烈的自尊心所驱使。虽然"好评如潮"有时候也能带来实际的好处,但为此做出了太多的牺牲,往往让我们得不偿失。

事实上,无论如何努力,都不可能赢得"一致认可"。有阳光的地方必有阴影,指望自己八面玲珑,根本就是不能实现的要求。所以,趁早放弃这个有点荒谬的想法吧。

既然不得不对别人说"No",就得提前做好接受负面评价的思想准备。"这个人不热情"、"不太容易相处"、"自傲"、"不合群"、"怪怪的"……这些令人感到不快的标签都可能贴在你的身上,唯有对它们听而不闻,才有勇气拒绝额外的便签。

如何巧妙地说"不"

如果直接而生硬地对别人说"不",毫无技巧地拒绝别人,那么,得罪人几乎是不可避免的。我们在说"不"的时候,不仅需要顾虑对方的心情,还需要运用一定的策略和技巧。最理想的效果是,即使对方被拒绝了,下次依然会来请求你的帮忙,也不会对你有所不满。以下的这些说法,将帮助你巧妙地拒绝别人的便签:

1. "请给我一些考虑时间好吗?"或者更具体一点,"让我想一想,一个小时后我给你回电话好吗?"一个小时以后,你打电话给他,客气而清楚地说"不",可以讲讲进一步的理由。

2. "这是一个非常好的建议!"你先用认可的话评价对方的建议,然后你让他清楚,你现在正忙于一项很重要的任务,因此对这一建议只能遗憾地说"不"。

3. "我非常珍惜这次机会!"当你得到对方的请示或询问时,首先抱以肯定的态度,并且加强与对方的关系。然后用这样的话告诉他:"没有人比我更愿意与你一起干,但这一次我只能拒绝。"

4. "我有自己的原则,这类事我向来是不干的。"如果对方知道拒绝不是出于个人原因,而是由于原则,那么他就不会继续追问了。

5. "眼下恐怕不行!"

6. "嗯……不。"如果你想说"不",你就说"不",不过说"不"之前稍微停顿一下,给别人一个思考和理解的信号。

分清任务和帮忙

来自同事的便签,有些属于你的本职工作,也就是你身为组织成员应该完成的任务,而有些只是给同事帮忙。例如一位平面设计师,岗位职责是设计平面作品,但因为他是电脑高手,所以同事们纷纷请他帮忙处理电脑问题。很多人没有清晰地区分"任务"与"帮忙",他们将两者混为一谈,结果接受了许多额外的便签。

分清"任务"和"帮忙",然后果断地对"帮忙"说"不",才会摆脱额外的便签。有时候,选择"低调"的存在方式不失为一项上策,具体来说,就是不要过多地展示本职工作之外的才能。如果那位平面设计师藏得深一点,不让同事们觉察到电脑高手的身份,当然也就不会招引那么多来自同事的便签了。

有时候,高手虽然努力让自己显得寻常一些,但还是在无意间暴露了自己不凡的身手,这时候,你就必须设定原则了。最好在第一个向你丢便签的人得逞之前这样做,否则,一旦开了先河,就可能难以阻止。你可以这样说:"真的很抱歉,你也知道,这是我的原则,我不能这样做,一旦答应你,我该怎么拒绝紧随你而来的人?"

你也许担心,这样拒绝别人,会损坏彼此间的关系。没错,任何一次拒绝,都可能使友谊受损,没有什么两全其美的法子。关

键是，你必须做出选择——要么勇敢地说"不"，要么沦为打杂的
"便签人"。我也曾对这样的抉择感到非常为难，最终我选择了后
者，结果我发现，从长远来看，友谊和拒绝别人的帮忙并没有必然
的关联。曾经被我拒绝的同事依然与我保持着真诚的友谊，因为
大家都明白，每个人对自己的便签负责，这才是天经地义的事情。

在日常工作中,我们常常这样与同事交流——"提升内部管理水平"、"加强与客户的沟通"、"问题出在对客户需求的分析方面"、"这种风格要设计得大气、饱满、富有亲和力"……当我们说这些话的时候,没有谁觉得有什么不对劲。可是,当我们具体执行的时候,却犯迷糊了,完全不知道如何操作,所以就按照自己内心的想法开展行动。结果,我们最终呈现的工作成果并不是别人脑海中想的那一个。

别以为你所想的就是别人所想的

一些看上去稀松平常的概念,其实在每个人的心目中,对它们的理解可能都是不一样的。如果让每一位同事分别阐述他们对"管理水平"、"沟通"、"分析"、"大气、饱满、富有亲和力"这些词意的理解,他们的说法一定大相径庭。所以,当我们以为与同事达成一致意见的时候,事实可能是我们一厢情愿,对于同一个概

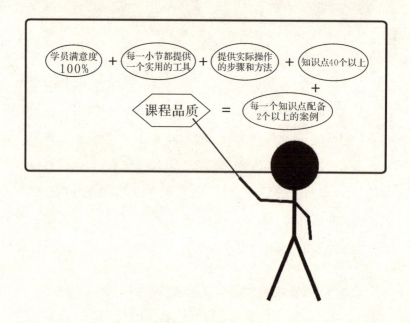

对看上去稀松平常的概念进行定义

念的理解,也许大家相差十万八千里。

由于对概念的理解没有真正达成一致,所以就无法指望最终的成果令人满意。我们往往自以为满意的成果,却得不到同事的认可。这时候,人们常常各执一词,乱丢便签的情况就会发生。有人坚信自己圆满地完成了任务,有人却认定任务没有被完成,双方难以达成共识,于是,便签就被抛到空中,无人认领。

为了真正就任务达成共识,你需要警惕那些看上去稀松平常的概念。对那些概念进行进一步的明确、澄清和定义,是有效地规避上述后果的好方法。

用关键词阐述概念的本质

现在,我们该思考如何为概念进行定义的问题了。

其实,我们对概念进行定义的目的并不是咬文嚼字,探究文字的涵义,这对工作没有任何好处。真正的目的是与同事们就不明确的概念达成一致,形成统一的理解,以更好地保证行动的一致性。

具体的做法就是,请所有参与任务的责任人分别说出他们的理解,这些理解要具体、明确,尽量用量化的数字来表述。很多人也许觉得用完整的话来表述自己的理解有点困难,那就用短语好了。比如,大家对"课程品质"这个概念感到费解,那就不妨请大家用短语的形式来解释这个概念,诸如"学员满意度100%"、"每一小节都提供 1 个实用的工具"、"提供实际操作的步骤和方法"、"知识点 40 个以上"、"每一个知识点配备 2 个以上的案例"，等等。

所有人自由阐述自己的理解，即使重复，也可以说出来。请专门的人把这些短语写到白板上，直到大家都说完，然后，将重复的短语合并，删掉错误的短语，再把这些短语串联起来就形成了对概念的定义。

第三节　明确各自交付的结果

在职场中,很多工作需要与同事一起协同完成。换而言之,就是每一位负责人承担任务的某个部分,最后大家把成果拼装起来,合成一个成果。就像修筑万里长城一样,每个人负责一段,最后连起来就是长城了。

事先与对接人描绘结果的模样

在协同工作的过程中,常常因为某些人的成果不符合要求,导致成果无法拼装,也就无法合成最终的成果了。这如同某一段城墙没有竣工,也就不能连成"长城"了。

与同事的协作中,还有一种情况是,前面的成果是后面成果达成的前提。这种情况在生产流水线上体现得特别明显,前一道工序如果产出了次品,那么,下一道工序就无法进行。这样的情况在职场中比比皆是,很多人为了达成自己的成果,不得不花费时间和精力去弥补上一个成果的缺陷。这样做就是在为别人清除便签。

为了避免这样的情况，对接双方对成果进行明确是必不可少的一项工作。在生产型企业中，用合格的成果作为模型，当然是最清晰最明确的了，与模型一对照，立刻就能够检验出成果是否合格。

然而，在绝大多数知识型组织中，看得见摸得着的模型是不存在的。只能通过口头或书面的语言对成果进行描述。非常可惜的是，我们的描述总是不够准确，各种各样的误差时有发生。所以，尽可能准确、详细地描绘结果的模样，是避免为别人清除便签的主要方法。

拟定可衡量的评估指标

杜绝负责人推卸责任的最好办法就是为结果拟定可以衡量的评估指标。只要将结果与评估标准一对照，成果是否合格就一目了然，其中的责任归属当然也就无可推卸。一般来说，对结果的描绘需要包含以下元素：

第一，多。多是指数量。用具体的数字来描绘数量，就会使考核变得非常简单，可如果改用"大幅度"、"约"、"尽可能多"、"大概"这样的词汇，考核就非常困难了，甚至可以说根本无法考核。

第二，快。快是指完成期限。为任务设定一个完成期限，不要让它成为一张空头支票。

第三，好。好是指质量。对质量的描绘要明确而具体，可以从外观、功效、客户验收标准、技术规范、行业标准等方面进行描述。

第四，省。省是指成本，成本不只是金钱，还包括物资、人力、时间等。

第四节　怎么办:会议室飞来便签贴

这一天,小黄走出会议室,心中的怒火难以抑制,他来到走廊,点燃了一支烟,试图让自己的心绪平复一下。

原来,在会议上,经理抛出了部门3月份要完成的几项重要任务,其中,有一项属于小吴的本职工作,然而,在分配任务的时候,小吴没有主动承担责任,反而话锋直指小黄,说:"经理,小黄最擅长的就是……这项任务由他来完成,简直再合适不过了。"

小黄还没来得及说什么,小吴又补充道:"小黄,你别谦虚啊,就在两个月前,你还成功地搞定了一件类似的事情,当时你受到总监的当众表扬,还拿到了五千多元的奖金。"

话说到这里,经理也向小黄投来了赞许和期待的目光。最终,这项任务落在了小黄的头上。而事实上,这项任务与小黄的本职工作根本不相干。

在会议室中,很多人都曾有过与小黄类似的经历,被飞来的便签砸到,躲都来不及躲。

话不说死,留下回旋余地

面对突如其来的便签,应该如何应对呢?

假设小黄意气用事,当场揭穿小吴的阴谋,在同事和上司都在场的情况下说:"小吴,你这样说不就是想把任务推卸给我吗!"这样做也许能够摆脱飞来的便签,但小黄也会给上司留下不良的印象,而且会彻底破坏与小吴的关系,以后将难以共事。这样的结果,可能是得不偿失。

可是,如果小黄应承下来,小吴就会"阴谋得逞",轻松地将便签甩给了小黄。小黄不得不为小吴清除便签。

正确的做法应当是不立即拒绝,也不立即承诺,而是表示需要会后单独协商。小黄可以当着同事和上司的面这样说:"小吴这样说真是非常地抬举我,我向他表示感谢,不过这件事我现在实在不敢做出保证,请小吴与我私下协商吧!"

这样说,既提示上司这项任务属于小吴,又为小黄赢得寻找拒绝理由的时间,更可以化解被动的局面。至于接下来怎样拒绝小吴,恐怕完全有时间找出成百上千条理由了。

表示自己需要搜集更多的信息

如果小吴不依不饶,继续堆砌各种理由表示小黄是完成任务的不二人选,小黄应该怎么办?与小吴针锋相对,找出理由反驳小吴,就会有逃避责任的嫌疑,而且容易将"战争"扩大化,将场面引向失控的危险境地。一旦发生争吵,而且是在会议室这样的公开场合,无论结果如何,都是没有赢家的,因为争吵双方都会给同事和上司留下极其不良的印象。

　　为了赢得时间,让飞来的便签暂时搁置,小黄可以表示自己需要搜集更多的信息,以便做出最终判断。小黄可以这样说:"我想,这项任务关系重大,不然大家也不会如此慎重地在此讨论,为了确保任务的完成万无一失,我需要搜集更多的资料来确定自己是否胜任。"这样说,小吴恐怕很难再找出什么理由让你当场接受便签了吧。

第五节　怎么办:"挟上司令同事"的便签

小杜来到小张的座位旁,递过来一叠厚厚的资料。

小张抬头好奇地问小杜:"这是什么?"

小杜回答:"调查问卷。是这样的,领导说让你把这份调查问卷统计一下,做成直观的分析图。"

小张觉得很突然,追问道:"怎么这事由我来做?我的工作内容里没有这一项呀!"

小杜把资料往办公桌上一放,说:"领导的话我带到了,你自己看着办吧!"说完,小杜扬长而去。

莫名其妙的小张呆呆地盯着资料,半天都没回过神来。

在职场中,像小张一样,接到"挟上司令同事"的便签,恐怕为数不少吧!这些便签打着"上司"的幌子,看上去不得不完成,可事实上,这些便签未必真的来自上司。

让我们追溯一下小张接到的那张便签的来历吧——原来，领导本是把这个任务安排给小杜的，小杜接受这个任务后，发现整理调查问卷的数据太耗费时间了，而且单调乏味，容易出错，于是找到领导，准备甩掉这个便签。她来到领导办公室，说："领导，我这周不得不完成一份项目方案，客户要的很急，再不给到客户的话，合作可能就会被取消。分析调查表的事，我能不能找一位同事协助？"领导看了看小杜，点头默许了。

于是，小杜离开领导办公室，来到小张的座位旁……

与上司确认后再做答复

如果你遭遇到与小张一样的情况，那么，首先应该确认的就是便签的真实来源。便签真的来自上司，还是同事打着"上司"的幌子将任务推卸给你？如果是后者，你有权拒绝便签。

假如同事以上司的名义给你安排任务，你可以这样说："你刚才所说的事情，我还是存在一些疑问，我们一起到上司那里确认一下吧！"如果只是打着上司的幌子，他们一定感到惶恐，不愿与你去上司那儿当面确认，识相的就溜之大吉了。如果同事答应你的请求，那么，你正好借此机会与上司交接便签。

为了辨别便签的来源，你还可以追问成果的交付对象。你可以这样说："你说的这件事，我要是完成了，应该把结果交给你，还是直接交给上司？"如果同事回答时有些犹豫，或者回答："交给我吧。"那很可能意味着他(她)是在推卸责任。

强调自身难处的同时推荐更合适的人选

绝大多数打着上司幌子的便签,只是试图推卸任务的同事迫使你就范的一种手段,揭穿他们的阴谋,便签也就随之消失了。还有一种情况,就是有些同事确实获得了上司的授权,就像小杜那样,在上司"点头默许"的情况下,要求小杜"协助"她。如果小张直接拒绝,小杜一定会在上司面前这样说:"领导,我获得了您的许可,请求小张协助我完成调查资料分析的事情,可是,他连一张表也没拿出来。"于是,上司会将所有的责任归结到小张身上。

对于这样的便签,如何处理才妥当呢?

诉苦是值得推荐的良策。通过举例来证明你是多么忙碌不堪,让同事认识到你的难处。你可以这样说:"苍天呀,大地呀!我已经够忙得了,领导怎么这么狠心,让人情何以堪?你瞧瞧,从周一到周五,我要完成 13 份方案的制作,电话回访 68 家客户。这周必须要完成的项目申报资料,仅仅是表格就有 20 多页,还要写近万字的材料……我真的头都快爆炸了,救救我吧!"也许你已经发现了,这些话必须说得有理有据,尽量用确切的数字表述,你可以打开"时刻准备好"的任务清单,还可以展示你正在做的事情。总之,你必须让同事对你说的话深信不疑。

无论是谁,都会为你这段声泪俱下的诉苦感到难过的,他们内心其实都不想再为你添麻烦了。

　　接下来，你就可以顺势将便签转移给其他人了——这一招要慎用，因为你可能得罪人，但真的很管用。你可以这样说："这件事，我觉得小刘比我更在行，因为……"便签立刻就转到了小刘身上。如果让小刘知道，当然要记恨于你了，所以这招不在万不得已的情况下最好别用。

第六节　如何规避"能者多劳"

　　小华经过一番思想斗争,最终还是决定离开公司。导致小华离职的原因是,每次分配任务,同事们推来推去,最终大多数任务都落在了他的头上。就在去年年底,公司为了促进与客户的关系,让小华所在的部门策划并执行了一场大型论坛。上司为了圆满地完成任务,召集全部门的成员一起开会研讨,制订行动方案并明确任务负责人。会议进行了整整一天,小华疲惫不堪,身体的疲惫倒是次要的,主要是心累。为了筹备论坛,部门罗列了43项任务,而小华一个人就承担了20项,而其他3个人一起才承担23项。原因是小华的能力远远高于其他人,所以上司给他安排了更多的任务。

　　小华一个人独挑将近一半的任务,忙碌是可想而知的。为了在规定的时间内完成任务,他常常加班到深夜,妻子为此与他闹别扭,生气地说:"你除了工作,生活

中还有什么？"然而，小华不敢怠慢，他担心公司会因为
自己的工作失误而遭受损失。

　　论坛最终圆满结束了，小华松了一口气。很快就放
年假了，每个人都拿到了一笔年终奖。小华满心期待着
自己的那一份多一点，因为这一年以来，他实在比其他
同事多承担了很多很多的任务。然而，结果却令小华心
冷到了冰点。他的奖金和其他同事没有分文差别。

　　小华私底下找到上司，向上司表达了自己的想法，
可上司的答复却是这样的："大家同在一个部门，职位相
同，级别也一样，如果收入有差别，大家一定会有情绪，
到时候没法解释。"小华还能说什么呢？只得转身离开
了领导办公室。

　　只是因为能力比他人强，就要承担更多的任务，收益却和平
庸而悠闲的人没有差别，这是非常不公平的。如果多劳无法带来
多的收益，你就有权拒绝比别人更多的便签。

让自己显得很忙

　　如果不希望像小华那样，因为能力强就被安排更多的任务，
就要学会用巧妙的方法将额外的便签拒之门外。

　　如果优哉游哉地在办公室踱步，或者慢吞吞地品尝一杯咖

啡,与同事闲聊八卦新闻,所有这些行为都会给人造成你不忙的感觉,上司也会以为你的工作内容不饱和,于是,便签就不请自来。为了甩掉过多的便签,你最好让这些行为在自己的身上消灭。

快速地在从走廊上走过,适当地提高语速,与同事沟通时常冒一句"我得忙了,不然事情根本做不完",打电话时不聊私人话题,果断地结束无意义的谈话,宁愿多牺牲一点利益也不愿意浪费时间,开会时主题明确……这些行为都会让你在同事心中刻下"忙人"的印象。当大家都知道你总是很忙的时候,便签自然就会离你远一些。

无私地与同事分享经验

能者多劳的悲剧常常发生,非常重要的原因可能是同事缺乏能力,即便他们有心为你分担任务,恐怕也无力实现。克服这个问题的好方法,是你将自己的成功经验和盘托出,帮助同事提升他们的能力,这是治本的药方。

毫无保留地与同事们分享经验,需要一颗无私的心,你这样做了,除了让自己甩掉便签的重负,还为你赢得与同事的真挚友谊。

与同事分享经验的方式有很多种,最常见的是培训,你可以准备一份内容精彩的PPT,把需要分享的内容以提纲的形式写进 PPT 中,然后像讲课一样向同事们传授经验。需要引起注意的是,很多技能并不是"听听"就能学会的,就像游泳,即便百分之百地听懂了方法和技巧,不下水实际操练,永远也不可能学会的。所以,在分享时安排演练的环节必不可少。

还有一种方式是边做边教,就是在执行过程中,针对同事遇到的具体问题,给予辅导。这种方式比较随意,只要时间允许,随时随地都可以进行。

让任务排排队

建立自己的办事原则,并且一以贯之,绝不轻易妥协,就会迫使别人遵守你的原则。

无论什么时候,你都应该努力按照自己制订的计划行事,这样才能掌控时间。如果随意地根据外来的便签打乱行动的先后顺序,就会让你行动清单变得凌乱不堪,自己也会沦为别人的附庸。所以,保持从容的状态,所有新接收的任务都由自己决定处理的先后顺序,这是你应该坚持的一项原则。即便是在空闲的时候,也不要立即承诺完成的期限,而应该郑重地说:"我已经将你的事情列入清单中,但确切的完成期限,我妥善安排之后再给你答复,可以吗?"如果对方强调事情的重要性,以迫使你立即行动,那么,你可以说:"抱歉,我也没办法,清单上的所有任务都催得很急!"

让所有的任务都按照你的口令排排队吧，你自己的时间，必须由你自己做主。

准备一份"回绝范本"

"拒绝别人的便签"这种事，本身也是相当耗费时间和精力的。无论如何，每次拒绝都不可能轻松完成。尤其当我们还指望不得罪别人的时候，更需要运用恰当的技巧，付出非常多的耐心，态度更要诚恳而谦逊。这些都会增加时间和精力上的负担。

为了减少在这种事情上的浪费，我们有必要使用一些有效的方法。对于那些可以通过书面形式（如电子邮件、信函、短信等）回绝的便签，制定一份"回绝范本"是相当不错的方法。有了范本，在拒绝便签的时候，只要适当修改相关的内容，然后如法炮制，高效又便捷，不用次次都绞尽脑汁苦想妥善的措辞了。

回绝的范本要写得委婉，处处体现为他人着想，让人"即便被拒绝也完全不觉得自尊心受到伤害"。为此，你需要真诚地罗列出"之所以不得不拒绝"的理由，你可以这样写："在下不得不深感惋惜地表示不能为您效劳，实在是因为担心无法在有效的期限内达成您的要求，那样的话，对您而言是莫大的损失……"

第五章
甩掉来自其他部门的便签贴

第一节　成立跨部门临时工作小组

　　部门与部门之间合作，是组织运营活动中的家常便饭。在一个组织中，有些职能部门（相对于业务型部门而言）的存在价值就是协助其他部门完成任务。

　　不过，在部门与部门的合作过程中，便签乱飞的情况常有发生。因为跨部门合作常常出现管理者空位、责任不明确的情况。当便签的主人不确定，或者缺乏有效监督的时候，便签就会蠢蠢欲动，伺机攀附新的主人了。

　　参与协作的部门各自为政，都打着自己的"小算盘"，就难以凝聚成一个有力量的整体，甚至连"整体"都算不上，大概只是所谓的"乌合之众"吧。人心涣散，一盘散沙，办事的效率当然会很低，而且效果也肯定不会好到哪里去。更糟糕的是，参与协作的同事们相互推卸责任，乱丢便签，使得彼此之间的友谊丧失殆尽，甚至会剑拔弩张，发生令人难堪的事情，这种情况想必你也曾遭遇过吧。

尽量减少这种事情发生的几率，最好的方法是成立跨部门临时工作小组。为了完成一项需要跨部门协作的任务，成立临时工作小组，任命一名小组的领导人，拥有管理权限；小组成员来自协同部门，对小组领导人负责。一旦任务完成，临时工作小组自行取消，所有成员回归到各自的部门。这种临时工作小组是跨部门协作的有效方式，实践证明，它的确可以减少乱丢便签的行为。

任命小组的领导人

　　成立临时工作小组，首先得确定小组领导人，通常来说，任务主导部门的负责人就是临时工作小组的负责人。当然，也有可能是其他人，比如，专家、承担主体工作的人、能力卓越的人、有过成功经验的人……临时工作小组的领导并不一定就是管理者，普通的在职者也有可能成为小组的领导人，只要他（她）足够合适。

　　无论是管理者还是非管理人员，临时工作小组的领导人都必须经过正式的任命。很多时候，任务主导部门的负责人被默认为临时小组的领导人，结果，其他部门的职员根本不听命于这位"默认领导人"。所谓"名不正则言不顺"，领导人被正式任命，才能光明正大地行驶管理权限。

　　对临时工作小组领导人的任命，最好在正式、公开的场合中进行,而且要确保工作小组的所有组员都在场。授权人郑重地宣读任命书,通常来说,任命书包括:任命背景(目的)、组长姓名、组员姓名、组长权限等,如:"为了完成为期3个月的绩效管理项目,特成立绩效管理项目工作小组,任命原绩效经理黄××为工作小组组长,其他组员为人力资源部王××、李××,教育产品事业部吴××、孟叉。小组组长为任务的结果负责,同时,拥有所有组员的管理权,包括工作内容的安排、工作结果的考核⋯⋯该任命由宣读之日起生效。"

用"例行事项清单"推进工作

要知道,即便郑重其事地任命,让所有组员都服服帖帖地听命于临时负责人,也是很难做到的事情。领导者的权威是不可能在短时间内就轻易建立起来的。

补救的方法是利用组织的强大力量,促使所有成员对自己的便签负起责任。所谓组织的力量,就是所有组织成员的总和。个别组员真的有胆量与临时领导人"叫板",不服从领导的安排,却不敢与所有人为敌,除非他(她)不怕被"群众"抛弃。

那么,如何才算"利用组织的强大力量"呢? 具体来讲,就是让每一位组员都清晰地知道自己以及其他人的工作内容,大家互相监督,每一位组员的结果都要接受其他人的检查。概括来说,就是把"组员对领导者负责"的状况转变为"组员对其他组员负责"。

　　"例行事项清单"是一个简单却非常实用的工具,只要把具体的任务内容、负责人、完成日期填写到清单上,每次例行会议时,当着所有人的面,对照清单,逐条检查任务的完成情况。这时候,未能如期完成任务的组员恐怕背负着巨大的精神压力吧,一定在内心暗下决心:下一次必须完成,必须完成!

例行事项清单表示例

序号	任务内容	责任人	完成日期	完成情况(是/否)	备注

跨部门沟通最好形成文字

　　为了杜绝推卸责任的行为,做到凡事有据可查,同时也为了备份信息,重要的跨部门沟通或者会议,需要生成文字记录。

　　只要稍稍花费一点时间，把会话的重要信息记录下来，再由所有参与者审核、修订、签字确认，交给专人保管就可以了。

　　这样做，更重要的意义在于，它告诉那些试图甩掉任务、逃避责任的组员们："别妄想了，所有的便签都记录在案。"

跨部门协作当然必要,却不意味着所有来自其他部门的便签都应该接受。

被誉为日本"经营之神"的松下幸之助先生非常重视企业的社会责任,不过他坦白地承认,企业存在的目的是为了赢利。不赢利的企业简直是在犯罪,当然也不可能持续地存在下去。我们可以这样说:企业所有行为的目的就是正当地获取利润。其实,部门的存在又何尝不是如此呢? 那些看上去没有直接产生利润的部门,它们存在的目的终究也是为了赢利。

所以,设法对那些无法带来利润的便签说"不"吧!

团队行为必须以绩效为导向

团队管理者需要对团队的绩效负责,确保团队的行为都是为了达成绩效。过多地承担来自其他部门的任务,以至于无法达成团队本身的绩效,这样的结果显然是不合理的,是对团队的不负责。

凡是需要额外投入较大时间成本的跨部门协作，就得与组织的高层管理者协商，修改团队的绩效指标，并为团队争取应得的收益。

既不能达成绩效，又无法取得收益，这样的便签应该尽可能地婉拒。一旦团队承担来自其他部门的任务超过了正常的范围，就会沦为其他部门的附庸。

那么，怎样对来自其他部门的便签说"不"呢？当面拒绝显然有伤和气，所以，不妨充分地发挥人力资源部的工作人员或上级主管领导的作用，请他们担当中间人，两头协调。这样做，不仅使拒绝的行为留有回旋的余地，而且避免了尴尬的氛围。很多时候，人们生气的原因并不是遭到了拒绝，而是遭到拒绝时受伤的自尊心。如果有效地避免了伤及他人自尊心，"拒绝"带来的负面影响或许可以忽略不计。

一切为公司级目标让道

如果委婉地拒绝也无法摆脱来自其他部门的便签，那么，就应该搬出"公司级目标"这杆大旗了。恐怕没有人不知道"公司级目标"才是所有行为的最终导向吧，所以，大家也就识相地收起便签了。

为了令对方望而却步，自觉停止丢便签的行为，你需要重申"公司级目标"的内容，以及你的团队为实现这个目标所承担的重要内容。比如,你可以这样说:"××经理,您所说的这项工作,我想,是非常棒的,想必也要投入巨大的时间和物资成本。目前,我部门的伙伴们把所有精力都倾注在完成公司第二季度的目标上,每天一刻也不敢懈怠,即便如此,我们也觉得压力重重,唯恐因为自己的失误而导致公司的目标无法达成,我想,您一定也有同样的感受……"说到这种话题,聪明的你一定不会放过机会,好好地铺陈一番,让对方产生同病相怜的感慨,对方由衷地认同你,自然不忍再抛来便签了。

有需要提醒你注意的是,在陈述这些话的时候,首先要表示支持、赞成、拥戴、愿意帮助对方,你可以运用诸如"这是非常棒的"、"这样做一定成果卓著"、"真是太希望为你效劳"等说辞。别开门见山地表示拒绝的意思,那样只会令对方心有抵触。

在表达拒绝的意思之前,不要使用表示强烈转折意味的词语,如"但是"、"然而"、"可是"、"却"……因为只要对方一听到这些词语,意识中立刻就会注意这些词语之后的话,他们也就会明白:你所要表达的真正意思是在转折词之后,而前面的不过都是毫无意义、假惺惺的铺垫而已。为了不引起对方的反感,尽量不用这些转折词,直接表达你的意思就是了,或者你可以改用"同时"这个词。

第六章
保管好自己的
便签贴

第一节　百分百地承担责任

也许，你真的受够了被无缘无故贴便签的情况，对那些随意乱丢便签的人，你恨不得"修理"他们一番。可是，你自己却有意无意地与他们同流合污，一旦有机会，就把属于自己的便签丢给别人。

"己所不欲，勿施于人。"如果人人自觉，保管并处理好自己的便签，那么，压根就不会有便签乱飞的情况了。自己明明对丢便签的行为深恶痛绝，却还有意为之，那就太不应该了！请大家反思一下自身的行为吧。

作为一名希望在职场有所成就的人，就更应该彻底地杜绝故意丢便签的行为，因为这种不文明的行为，不仅严重地破坏了个人的"品牌"，损害同事间的友谊，而且不利于提升工作能力。总之，除了能够让你偷懒之外，似乎没有其他的益处了。

无法阻止别人贴便签，但可以阻止自己

当然，我们根本无法阻止别人乱丢便签，因为在职场中，总有

一些不自觉的人利用一切机会推卸责任、摆脱任务。别指望组织中的所有成员都自觉承担自己的便签。哲人早就告诉我们了——"不要试图改变世界，你唯一能改变的是自己。"我们唯一能够做到的就是，阻止自己乱丢便签。

百分之百地接受任务、承担责任，最终将使你受益匪浅。我们应该像坚信爱情一样坚信"一分付出一分收获"的道理。为了履行百分之百的职责，我们所做的付出是不会白费的。你将获得上司的认可，成就不凡的事业。

在结果面前，敢于低头认错

在不良的结果面前，敢于低头认错，这也是百分之百承担责任的一种态度。我们非常遗憾地看到，许多人百般辩解，寻找听上去"合情合理"的理由，为的就是尽量摆脱责任，少受到责罚；还有人的做法更过分，他们索性把责任推到别人身上，自己落个一身干净。

如果持续做一名推卸责任的小人，终有一天会激起公愤，遭到所有同事的鄙弃，那时候，恐怕你难有立身之地了。事实上，逃避责任的行为对于问题的解决毫无益处，不良的结果一旦产生，损失就已经不可避免了，即便你的理由无懈可击，也无法挽回上司和同事对你的失望与不满。所以，勇敢地承担责任吧，不用辩解，低头认错就是了。

不能阻止别人乱丢便签，却完全可以阻止自己乱丢便签

首先立足于解决问题

绝大多数时候，当我们低下"高贵"的头之后，质疑和责备的声音也可能戛然而止。有时候，爽快地承认错误，勇敢地承担责任，反而更容易获得别人的原谅。

紧接着，赶紧采取行动，弥补过错吧！如果一味追悔、心灰意冷，对惩罚感到畏惧而退缩不前，那么，损失可能进一步扩大。因此，当我们承认错误之后，首先应该立足于解决问题。解决问题，就是制止损失的扩大，就像给流血的伤口止血一样。

那么，我们应该如何有效地解决问题呢？

第一，采用快速的、临时的行动以达到"止血"的目的。

快速洞察问题是由何处而来，通过对问题的局部化，立即执行应对策略，及时采取行动，使伤口"停止流血"。通过使用快速修复、"扎绑带"、"打补丁"等暂行办法，防止问题变得更坏。

第二，寻找问题背后的真相。

当问题得到暂时的遏制后，就应该寻找导致问题产生的根本原因，以开出"治本"的药方。如果以为糟糕的现状消除了，就可以高枕无忧，不再劳神费心寻找问题产生的根源，那就大错特错了。隐藏在表象背后的问题危害性更大，一旦爆发，也许损失就无可挽回了。所以，寻找出真正的"病因"，是不可省略的工作。

当我们试图总结原因的时候，常常犯下非常严重的错误，例如，我们总在不经意间说"这是因为缺乏个人能力"，"导致问题产生的原因是管理不善"，"技术相对落后才使产品质量低于行业标准"，等等。这些说法的错误之处是过于概括，就像人们去看病时，医生说："嗯，您之所以感觉浑身不舒服，是因为您生病了。"这样的说法毫无意义，因为它对解决问题起不到任何促进作用。

对于原因的表述需要明确、具体而且具有针对性，例如，"这是因为负责这个项目的小陈文字表达能力比较差，递交给客户的方案出现语病、不通顺、错别字的地方多达 20 处，导致客户对我们有所质疑。"

第三，制订改善的行动计划。

不付诸行动，问题当然不会自行消失。如果希望收获不一样的结果，却不采取不一样的行动，这无异于天方夜谭。别再延续之前的做法了，那样只会在同样的坑里再跌倒一次。有时候，明明没有坚持下去的信心，只是因为前期投入了相当多的资源，所以下不了舍弃的决心——这样的情况恐怕我们都曾遇到过吧。果断地放弃一些难以产生成果的项目，这确实需要相当的勇气和智慧。不过，有一点是可以坚持的，就是当问题所造成的损失已经超过了预期收益的时候，与其继续投入资源补救问题，不如干脆挥刀切除问题。

第二节　克服"拖延综合征"

拖延,向来是滋生乱丢便签这种行为的温床。因为拖延,很多任务无法完成,便签得不到及时、有效的处理,所以就不得不丢给别人,以摆脱积累的压力。

事实上,拖延的危害远不止于此,可以说,它是职场的劲敌,很多人的身上都有它的影子。因为它的存在,我们的工作效率被大大降低,本来可以立刻解决掉的便签,却无端地被放置了很长时间,还有更多的便签被束之高阁,永远都不会被执行了。这就是为什么许多决定要做的事情最终却不了了之的原因。总之,拖延基本上能够与放弃划上等号了。

如果拖延的行为不加以克制,后果是很严重的。不仅无法创造更多的价值,连本职工作恐怕也难以完成,于是心生坏主意,想方设法把自己的便签丢给别人。长此以往,当然不会有好的结局。

要处理好自己的便签,就必须克服拖延的毛病。

先吃掉"青蛙"

美国著名的作家马克·吐温说过,每天早上生吃一只青蛙,那么,在接下来的一天中,你将过得非常快乐,因为没有什么事情比生吃青蛙更糟糕的了。这当然是幽默的说法,但道理却值得借鉴。

我们之所以常常拖延,一个重要的原因是某些事情让我们感觉非常为难。例如,为上司写一篇在重要场合的发言稿,这恐怕是一件令绝大多数人感到揪心的任务吧。因为一想到这件事就压力重重,所以选择拖延,以暂时逃避压力。可事实上,逃避解决不了问题,唯一的出路就是对自己狠一点,硬着头皮,立即着手"铲除"这个令你备感压力的任务。一旦这个便签被清除,你会发现,自己如释重负,接下来要处理的事情也就不在话下了。

每天开始工作,从感觉最困难的任务着手,一件一件处理掉,你就会发现自己越来越轻松,效率越来越高,心情也会越来越好,工作带给你的愉悦感和成就感也会越来越高。

能处理的文件立即处理

有些任务因为条件不具备,所以不得不暂时搁置,等到条件具备的时候再处理。不过,日常的工作,绝大多数是条件完全具备的,对于这些任务,如果还是习惯性地搁置,那就是毫无意义的拖延了。

堆积下来的便签,除了让你的工作节奏变得凌乱不堪,更加重了你的心理负担。

曾经有一位企业家,因为繁忙的工作事务,竟患上了轻微的精神问题。为了摆脱这种状况,他慕名找到一位医生,请他治疗自己的疾病。

企业家来到医生的办公室,一眼就看到医生面前的办公桌上干净、整洁,而他自己的办公桌上却堆满了像山一样的等待处理的文件。他好奇地问医生:"您是如何做到的?"

医生耸耸肩,回答道:"很简单啊,文件只要一来,立刻处理掉。如果是广告信函,看一眼,没有价值的就直接丢进纸篓;请示文件就立刻阅读,签好字后让送文件的人带回去,这样也省得他们再跑一趟;要是需要备份的资料,那就分好门类,交给秘书保存就是了……"

企业家惊讶地问道:"那么,一时无法处理的文件,您都放哪里了?"

医生拉开抽屉,拿出几份文件,回答道:"放在抽屉里了,这些文件我无法立刻处理,但是,只要一有时间,我就会着手干掉它们,我不会让它们的数量超过 5

份的。"

企业家接着问道:"那么,您是如何做到这一点的?"

医生笑了,说道:"一直如此啊,这是习惯。"

"习惯如何养成呢?"企业家迫不及待地追问。

医生再次耸了耸肩,答道:"坚持,除此之外,没有其他的方法了。"

企业家站起身来,兴奋地对医生说:"您已经看好我的病了。"他回到自己的公司,如法炮制了医生的做法,如此坚持了下来,他发现,自己彻底摆脱了忙乱不堪的工作状态,一切都变得有序而高效了。

告别拖延的秘诀——立即处理。

对于那些已经具备了条件的便签,立即着手处理掉;一有空闲的时间,再着手解决条件不具备的便签。始终将这些便签控制在极少数的范围内——只要坚持这样做,你就可以告别拖延的坏习惯。

总是严格按照事情的先后顺序开展工作

有时候,我们会发现,自己的一天虽然很忙,可最重要的事情反而没来得及做。这是因为没有对做事的先后顺序进行合理的安排。一般来说,越重要的事情应该排得越靠前,因为最重要的事情带来最大的价值。

这样做的好处是,确保有限的时间都用在了最重要的事情上,即便这一天你一件事情也没有完成,但起码保证时间用在了该用的地方。这也比你花费一整天的时间完成一堆无关紧要的小事更有意义。

每天下班之前,把明天要做的所有事情罗列到纸上,然后根据事情的重要性进行排序,越重要的事情排得越靠前。

你或许正在心中疑惑地问自己:"如何判断事情的重要性呢?"这是一个非常棒的问题,也是至关重要的问题。答案是:判断事情重要与否的依据是成果的价值大小。如果某件事做完了,取得了相应的成果,这个成果能带来最大的价值,那么,这件事就最重要。

对所有事情进行排序之后,接下来就是严格按照先后顺序逐个解决了。如果在执行过程中随意变更,那么,排序的行为就失去了应有的意义了。只有坚持"按章办事",才能见到效果。

预留整块的时间处理最重要的事情

管理大师彼得·德鲁克在《卓有成效的管理者》这本书中强调,有些事情,需要连续付出一整块的时间去做,才会有意义。例如,你可能需要花费连续 2 小时的整块时间来写一份项目方案,如果把 2 小时拆分成 6 个 20 分钟,也就是说,你花费 20 分钟来

每天预留整块的时间做最重要的事

写方案,然后转去做别的事情,之后再花费 20 分钟写方案,再做别的事情……这样做,可能同样付出了 120 分钟,结果却是一个字也没有完成。

再比如很多管理人员与下属们沟通,却舍不得花费过多的时间,草草地在 10 分钟之内结束谈话,这样根本达不到沟通的目的。因为想要影响一个人,起码需要花费 20 分钟以上的时间来进行较深入的沟通。

很多重要的事情都需要付出连续的整块时间,才会取得相应的成果。所以,每天预留整块的时间用来处理最重要的便签,这是非常重要的。

你可以仿照宾馆里的做法,在房间门把手上挂出"请勿打扰"的牌子,以表示你正忙于重要的事务。很多优秀的管理者,他们每天都会留出 2 小时以上的整块时间,在这段时间内,除非发生真正重要而紧急的事情,否则,就不允许别人进入他们的办公室。为了确保"无人打扰",他们甚至拔掉了网线、电话线,关闭了手机,他们把这段时间留给最重要的事情,以确保卓有成效。

在一段时间内集中处理琐事

很多琐事,如收发邮件、整理资料、填写报销单、申领办公用品、清理办公环境、查看电子邮件、回复不重要的短信……这些事情虽然只是举手之劳,三下五除二就能解决,却把我们的时间分割得支离破碎。

　　如果有助理或者秘书，这些事情交给他们，由他们为自己代劳，这当然令人羡慕。不过，绝大多数人无法享受这样的待遇，所以，我们每天腾出一段时间，最好是在下班前的半小时，集中处理这些便签，这样做既富有效率，又避免了这些琐事分散我们的时间和精力。

第三节 如何让自己的便签越来越少

很多时候,为了获得更多的收益,我们不得不通过增加处理便签的数量来实现,也就是多劳然后多得。这大概就是"勤劳致富"的逻辑吧。

可事实上,做得多并非意味着收获就多,原因是不同的事情带来的价值是不一样的。有20%的事情为我们创造了80%的价值,而另外80%的事情却只能带来20%的价值,这就是著名的"二八定律"。所以,我们得练就一双慧眼,在所有的便签中挑出可以带来最大价值的那部分,然后投入主要的时间和精力,这样才能创造最大的收益与投资之比。

职场的高人们就是这样做的,他们把有限的时间投入在最有价值的事情上,最终收获了丰厚的成果。即便在同一个组织中,人们的日薪差别也是很大的,有人日进斗金,有人却寥寥无几,奥秘就在其中。

看来,我们努力的方向应该是让自己的便签越来越少、越来

专注于最有价值的领域，创造最大的价值

越有价值,而不是不加选择地通过增加便签来获取收益。

在最擅长最赚钱的领域持续投资

所谓"价值",还是一种看不见摸不着的说法,通俗地讲,价值就是物质回报。减少便签的数量,收益却反而增加了,这是因为便签带来的物质回报有所提升。

最擅长又带来最多收益的能力,可以算作核心能力了。我们在职场摸爬滚打了很多年,才幸运地找到了这种能力。然后,我们才能果断地拒绝了其他的诱惑,专注于自己最擅长又带来最多收益的领域。

一旦确定了值得专注的领域,就应当不遗余力地持续投资,不断强化核心能力,换来更多的收益,然后再追加投资,这样良性地循环下去。如果稍有成就便止步不前,核心能力就会被淡化,最终沦为平庸。

有时候,我们不得不承认,因为自己的能力有限,所以要花费比别人多得多的时间去清除便签。尺有所短,寸有所长,指望自己成为样样精通的多面手,可以说是做不到的。当然,我们也完全没有必要做到这一点。生活和工作中的绝大多数便签可以交由别人处理。

不过,有些便签必须亲自处理,因为它们关系到你的核心利益,如果这些便签还是交给别人,那么,你自己就失去了存在的价值。一位管理者如果放弃了计划、组织、指挥、协调、控制的便签，那么，他（她）就失去了作为管理者的必要，很快就会被取代。

对于那些体现核心价值、也是创造最大利润的便签，我们应该具备足够的能力去处理它们。即便拥有了驾轻就熟的能力，也依然需要通过持续的学习来增强处理任务和承担责任的能力。

很多人都曾经制订过学习计划，在短时间内付出过行动，只是没有坚持多久，计划就"泡汤"了。我在读书期间，每逢暑假，都会制订一份完美的暑期生活计划，只是最终都未能执行，年年如此。我以为导致计划流产的原因是自己意志力不够坚定，可是，要找到有效提升意志力的方法，实在相当困难。我甚至怀疑所谓的"意志力"，只是人们臆造的概念，我们把"未能坚持按计划行事"的原因归结于意志力薄弱，只是寻找开脱的理由罢了。

大家其实也都知道对未来进行投资的必要性，可就是因为这种投资的紧急程度看上去并不那么高，似乎今天不学习，明天也不会立刻就收到公司的解聘通知；今天不锻炼身体，明天也不会立即就患上肥胖症、高血压、脂肪肝之类的病……所以，虽然大家心有所想，在行动上却难以持续，大多以"三天打鱼，两天晒网"收场。

为了改变这样的现状，我们需要制订"基于必然性"的投资计划。所谓"基于必然性"，就是建立在具有一定强制力量的基础上，迫使我们不得不采取行动。具体来讲，有以下这些方法：

第一，把准备工作的步骤和时间降到最少。

我曾下决心练习软笔书法，为了实现这个目标，心血来潮地一次性购置了文房四宝。在这股热情的驱使下，坚持了大概两周，之后就很少再握笔写字了。

经过分析，我发现导致自己难以坚持的重要原因，是每次开始练习之前，准备工作总是相当复杂和繁琐——洗毛笔、研磨、裁纸、在书桌上腾出足够的空间……即便这些工作进展得非常顺利，也至少需要花费5分钟以上的时间，而我练习书法的热情也已经在这些准备工作中消耗不少了。久而久之，便渐渐懈怠了。

后来，我在书房里单独添置了一张书桌，专门用来放置笔墨纸砚，每次练习结束，我会把新的纸平平整整地铺好，这样一来，下一次练习的时候，只要拿笔蘸上墨水就可以开始了，非常的简便和快捷。因为准备的步骤极少，而且花费的时间几乎可以忽略不计，所以行动也就变得容易坚持了。

一般来说，把准备的步骤减少，会极大地增加"坚持下去"的几率。

第二，利用别人的强制力量。

当我们向别人做出许诺后，总会想方设法兑现。之所以这样做，是因为大家都害怕失信于人。借用别人的强制力来管理自己，不失为一种聪明的方法。当你决定学习某项课题的时候，不妨当别人的面许下"学完后与大家分享"的承诺。在你差不多快失去学习动力的时候，想到要兑现承诺，就又重振精神，坚持下去了。

第三，即时对自己进行奖惩。

人总习惯于把精力聚焦在能够立即获得回报的事情上，常常忽略那些虽然重要却无法在短期内见到成效的事情。为了激励自己在这些事情上持续做出投资，我们需要规定一些阶段性的成果，即时犒劳自己。

第四，为投资行为付费。

相比于"免费的午餐"，人们更珍惜付费得来的东西。有些公司为职员提供脱产学习的机会，而且是免费的，对这等好事，很多职员却完全不珍惜，无故旷课和请假。而当他们为这些学习机会付费之后，情况就大为改观，他们在心里觉得如果不来上课，就浪费了学费。因此，如果坚定自己的投资行为，为此支付一些费用是必要的。

通过购买服务减少便签

有很多便签可以委托别人来完成，然后直接购买他们的成果。在生活中，我们时时刻刻都可能在这样做——当我们去餐厅享受美食的时候，就是在购买厨师和服务人员的劳动成果，我们为此支付一定的费用，以实现价值交换的目的。

在这个社会化大生产时代，分工越来越细了，几乎所有的服务都可以通过购买来获得，就连写情书这样私密的事情，好像也可以让别人代劳了。这听起来很是离奇，不过，让更专业的人士来帮助我们清除一些便签，很多时候是一种廉价而高效的处理便签的方式。

在职场中，很多便签完全没有必要亲自处理，花点钱，请专业人士来解决吧，不仅节省成本，而且少费许多神。

从容的人生离不开减法

不知道为什么，我们习惯了忙碌，每天好像被一种无形的力量催赶着。不顾危险地猛踩油门，就是为了赶在红灯亮起之前穿过路口；狼吞虎咽地吃完午餐；连续几个小时盯着电脑屏幕，完全没有想到应该让眼睛休息一下；与人沟通的时候，电话铃声却接连不断地响起；即便是在放假的时候，也无法安心地陪伴家人，享受一下无人打扰的生活；总是承诺带孩子去旅行，却迟迟难以兑现……总之，我们常常牺牲健康、亲情、友情和自己的幸福感，忙忙碌碌，却忘记了这样做的目的究竟是什么！

我们是不是应该郑重其事地对自己说"别把自己看得太高了"，高估自身的价值，以为自己不在的时候，很多事情一定会被搞砸。事实却并不如此。曾有一位自视甚高的公司领导，只要他在公司，总事事过问，处处插手，忙得不可开交，他在心中万分确定自己的价值。有一天，他病了，不得不闭门修养达 3 个月之久。

工作的目的是为了获得幸福感

出院后,他迫不及待地赶回公司,原以为自己不在,公司必将陷于艰难的境地,没想到,他不在的 3 个月内,公司业绩有增无减,一切正常运转。

因为高估了自己存在的价值,所以在内心感到压力重重,强迫自己做得更多更好。正是在这种意识的驱使下,我们走进了"忙、盲、茫"的沼泽。

终于有一天,我们安放好疲惫的身躯,开始思考忙碌的意义。猛然间意识到,人生的要义在于获得幸福感。而在过去的岁月里,这个词让我们越来越陌生。

职场中人如果工作中的便签有增无减,恐怕我们的生活就会与"幸福感"无缘了。因为无法创造更大的价值,所以只好通过增加便签的数量来获取更多的收益了。可是,为了清除过多的便签,而透支自己的体力和精力,终究难以为继。

削减不必要的便签,是拥有从容人生的必由之路。正确的取与舍,向来是每个人都该具备的大智慧。究竟该如何选择呢?其实只要坚守一个原则,那就是:聚焦于那些与目标息息相关的事情,果断舍弃与目标毫无关联的事情。也就是说,取或舍的选择依据是"目标"。关于如何设定和有效地执行目标,我在《别被自己干掉:职场人不可不知的 9 种自救法》这本书中有所阐述,有兴趣的读者可以参考其中的内容。

后记

　　总体上来说,这是一本教人"偷懒"的书。

　　不过,大家千万别误会我的本意。在这本小书写作即将结束之际,我觉得有必要重申一些我认为至关重要的基本原则,以澄清有可能引起的误解。有些道理,听起来耳熟能详,说起来也稀松平常,可真正落实为行动的时候,却难以持续。

　　原则 1:指望有所收获,就必须投入相应的时间和精力。

　　坐享其成的好事,还是不要指望为妙,否则,只会一次又一次地大失所望。本书所要强调的是甩掉"不必要"的便签,而不是偷懒和推卸责任。不履行属于自己的职责,而这样的行为又频频发生,就会被人孤立,成为职场中的"绝缘人"。

　　职场人的价值,与他(她)承担的任务和责任息息相关。一般来说,越是需要付出卓绝努力的便签,越容易创造不菲的价值。轻轻松松就能够"干掉"、又颇有价值的便签,可以说是不存在的。所以,始终坚信"一份付出一份收入"的道理吧!

　　原则 2:衡量价值的标准不是行为本身,而是行为带来的

结果。

"莫以成败论英雄",我们在说这句话的时候,常常含着悲壮又无奈的复杂感情。这句话也许有它的特定道理,但在职场这个残酷的"江湖"中,向来是以"最终结果"论英雄的。

即便我们竭尽全力,可没有达成目标,所有的行动就是没有价值的,而且,这些行动其实是一种资源浪费。所以,要创造价值,就必须以结果为导向,慎重地选择做什么,不做什么,而且,后者往往更加重要。

原则 3:除了自己,没有其他人真正对你负责。

牺牲自己,成全或配合别人,而且最终也不会得来收益,这样的傻事立刻停止吧!人们都是利己和狡猾的,在分配任务的时候,大家争得面红耳赤,都希望抢到"投资少、收益大,而且明显比较轻松"的任务,对于价值不大或"实现起来非常艰难"的便签,恨不得统统抛给别人。你一味充当有求必应的"滥好人",结果就会沦为打杂的角色。

最后,感谢您阅读本书!祝心想事成,万事顺意!

图书在版编目（CIP）数据

职场便签贴：别把你的事儿推给我 / 潘竞贤,夏奈菲
著. —杭州:浙江大学出版社,2012.10
ISBN 978-7-308-10465-4

Ⅰ.①职… Ⅱ.①潘…②夏… Ⅲ.①职业选择—通俗读物
Ⅳ.①C913.2—49

中国版本图书馆 CIP 数据核字（2012）第 207697 号

职场便签贴:别把你的事儿推给我

潘竞贤　夏奈菲　著

策　　划	蓝狮子财经出版中心	
责任编辑	曲　静	
出版发行	浙江大学出版社	
	(杭州市天目山路 148 号　邮政编码 310007)	
	(网址:http://www.zjupress.com)	
排　　版	杭州中大图文设计有限公司	
印　　刷	浙江印刷集团有限公司	
开　　本	880mm×1230mm　1/32	
印　　张	5.625	
字　　数	102 千	
版 印 次	2012 年 10 月第 1 版　2012 年 10 月第 1 次印刷	
书　　号	ISBN 978-7-308-10465-4	
定　　价	26.00 元	